THE
EVERYTHING®
Travel Word Search Book

Dear Reader,

If you love traveling as much as I do, then I think you'll enjoy the word search puzzles in this book. I've given each puzzle a fun travel-related theme. These themes cover the places we travel to, how we get to those places, and what we do once we arrive. My hope is that these puzzles will bring back pleasant memories from your favorite travel experiences.

When you pack for your next journey, be sure to include this book. Word search puzzles are the perfect travel companion: they are engaging but never overbearing. I enjoy the way word search puzzles gently focus our minds on a pleasant task. Finding the words hidden in the grids provide plenty of those satisfying "aha!" moments. So whether you are going on a long trip or a local commute, these puzzles are here for you.

Happy travels and may you find everything you're searching for!

Charles Timmerman

Welcome to the EVERYTHING Series!

These handy, accessible books give you all you need to tackle a difficult project, gain a new hobby, comprehend a fascinating topic, prepare for an exam, or even brush up on something you learned back in school but have since forgotten.

You can choose to read an *Everything*® book from cover to cover or just pick out the information you want from our four useful boxes: e-questions, e-facts, e-alerts, and e-ssentials. We give you everything you need to know on the subject, but throw in a lot of fun stuff along the way, too.

We now have more than 400 *Everything*® books in print, spanning such wide-ranging categories as weddings, pregnancy, cooking, music instruction, foreign language, crafts, pets, New Age, and so much more. When you're done reading them all, you can finally say you know *Everything*®!

PUBLISHER Karen Cooper

DIRECTOR OF ACQUISITIONS AND INNOVATION Paula Munier

MANAGING EDITOR, EVERYTHING SERIES Lisa Laing

COPY CHIEF Casey Ebert

ACQUISITIONS EDITOR Lisa Laing

SENIOR DEVELOPMENT EDITOR Brett Palana-Shanahan

EDITORIAL ASSISTANT Hillary Thompson

Visit the entire Everything® series at *www.everything.com*

THE
EVERYTHING®
TRAVEL
WORD SEARCH
BOOK

Around the world in 150 nonstop,
high-flying, action-packed puzzles

Charles Timmerman
Founder of Funster.com

Adamsmedia
Avon, Massachusetts

An Everything® Series Book.
Everything® and everything.com® are regis-
tered trademarks of F+W Media, Inc.

Published by Adams Media, a division of F+W Media, Inc.
57 Littlefield Street, Avon, MA 02322 U.S.A.
www.adamsmedia.com

ISBN 10: 1-59869-717-X
ISBN 13: 978-1-59869-717-9

Printed in the United States of America.

J   I   H   G   F   E   D   C   B

This publication is designed to provide accurate and authoritative informa-
tion with regard to the subject matter covered. It is sold with the understand-
ing that the publisher is not engaged in rendering legal, accounting, or other
professional advice. If legal advice or other expert assistance is required,
the services of a competent professional person should be sought.
—From a *Declaration of Principles* jointly adopted by a Committee of the
American Bar Association and a Committee of Publishers and Associa-
tions

Many of the designations used by manufacturers and sellers to distin-
guish their products are claimed as trademarks. Where those designations
appear in this book and Adams Media was aware of a trademark claim, the
designations have been printed with initial capital letters.

This book is available at quantity discounts for bulk purchases.
For information, please call 1-800-289-0963.

Dedicated to Suzanne and Calla

Contents

Acknowledgments

I would like to thank each and every one of the more than half a million people who have visited my Web site, *www.funster.com*, to play word games and puzzles. You have shown me how much fun puzzles can be, and how addictive they can become!

For her expert help and guidance over the years, I owe a huge debt of gratitude to my agent Jacky Sach.

It is a pleasure to acknowledge the folks at Adams Media who made this book possible. I particularly want to thank my editor Lisa Laing for so skillfully managing the many projects we've worked on together.

Introduction

▶ THE PUZZLES IN THIS BOOK are in the traditional word search format. Words in the list are hidden in the grid in any direction: up, down, forward, backward, or diagonally. The words are always found in a straight line and letters are never skipped. Words can overlap. For example, the letters at the end of the word "MAST" could be used as the start of the word "STERN." Only the letters A to Z are used, and any spaces in an entry are removed. For example, "TROPI-CAL FISH" would be found in the grid as "TROPICALFISH." Draw a circle around each word that you find in the grid. Then cross the word off the list so that you will always know what words remain to be found.

A favorite strategy is to look for the first letter in a word, then see if the second letter is in any of the eight neighboring letters, and so on until the word is found. Or instead of searching for the first letter in a word, it is sometimes easier to look for letters that standout, like Q, U, X, and Z. Double letters in a word will also standout and be easier to find in the grid. Another strategy is to simply scan each row, column, and diagonal looking for any words.

The puzzles in this book have diverse and entertaining themes. Travel around the globe with puzzles like *European Vacation* and *Money Around the World*. Go out of this world when you work the puzzles *Martian Landmarks* and *Magic Fairyland*. Move through time as you solve the puzzles *'60s Flashback* and *The Civil War*. And return home with the puzzles *Cats and Dogs*, *How Does Your Garden Grow?*, and *Baking Cookies*.

Puzzles

On the Road Again

```
D C A U S E W A Y S H O R T C U T M T I
S A J C O A S T I N G N I S I U R C U B
K R O N A U U D R I V E W A Y Z A K N O
C T O R K P E C O N S T R U C T I O N G
U R M M N R E R A F H G U O R O H T E N
R O N S O I P A S S I N G Z O N E T L I
T A K A L T A F S N A I R T S E D E P D
N D D A U T O M O B I L E I S L L I H E
R O U E J H X R G R A I L L I N E Q T E
A B R H O Q E L C R S R E G N E S S A P
C R S E E W R A O Y E Q L V G T E E I S
I I A K S D Y U D C C E A R G B A V L T
N D F C I T N G L L A L N C U Y T R G E
G G H F A D S T H G I L E K A R B U A K
A E V E A R R T R N Z G R S R O E C T C
Y E K B O R S O O S C S H O D A L U I I
F F O N R U T E A P J C E T A D T T N T
R U T O L L R O A D I J K P S D W O G S
T F I H S N W O D T C A P M O C A F W Y
F N M V G J J E L U F R E E W A Y F P C
```

AUTOMOBILE
BELTWAY
BRAKE LIGHTS
BRIDGE
BYROAD
CAR SEAT
CARTROAD
CAUSEWAY
COASTING
COMPACT
CONSTRUCTION
CROSSING
GUARD

CRUISING
CURVES
CUTOFF
DOWNSHIFT
DRIVEWAY
FREEWAY
GREEN
HEADLIGHTS
HILLS
LANE
LOCAL ROAD
MAIN ROAD
MOTORCYCLES

PASSENGERS
PASSING ZONE
PEDESTRIANS
RACING
RAIL LINE
REST STOP
ROUNDABOUT
SEAT BELT
SHORTCUT
SIDE ROAD
SKID ROAD
SPEEDING
TAILGATING

THOROUGHFARE
TICKET
TOLL ROAD
TRAFFIC
TRUCKS
TUNNEL
TURNOFF

Solution on page 154

At the Diner

```
Q F A C C F H K F E B F E C I V R E S K
X P H T O L C E L B A T L I G H T I N G
C E O R M B M B U S B O Y B O W L I A L
F Z K B O O T H T I E Y G R C V F M K A
N Q H A P F S F N N U G Y L E E B C K S
C R X R Q Y O P T L C X L R W I H U S S
K V J E S O A R H S E I W L A A H I U A
N A J D D T E V E E B A H N I X V S G L
F B C R R E R O F G R T C R T R F I A T
I K O O C E O C G E A E R C R L G N R C
H C N U L O N M S A B N D E E S T E A K
N S P S S J T N P N T T A I S Q U J O W
I L R D W T G V I B I K H M S S N P B Y
U T Y C P F A U Z D P K I T C H E N T S
A P T F I E I C Z N O O P S Q O M D A M
F S B R Q F E T A L P X Z A K Z F Z T C
Y D X Z C X L D A N A D R I N K S F L U
I U D H N O J N J E Y K I J R E P P E P
C N L K D B W R W T S V B C L O P W A E
V U C K L Y D F K T C W J B J H R H A I
```

AMBIANCE	CUP	LIGHTING	SPOON
ATMOSPHERE	DESSERT	LUNCH	STEAK
BARBECUE	DINNER	MANAGER	SUGAR
BILL	DISH	MENU	TABLECLOTH
BOOTH	DRINKS	NAPKINS	TIP
BOWL	EAT	ORDER	WAITRESS
BUSBOY	ENTREE	PATRONS	
CASHIER	FAST FOOD	PEPPER	
CHAIR	FORK	PIZZA	
CHEF	GLASS	PLATE	
COFFEE	GRILL	SALT	
COOK	KITCHEN	SERVICE	
CUISINE	KNIFE	SILVERWARE	

Solution on page 154

Street Names

```
S P R I N G S T E E R T S H T I M S E X
K M S M U G S F I F T H A V E N U E C K
B O E V I R D T U N T S E H C O L V B A
L B C U M L B L O M B A R D S T R E E T
I I O H N A L T Q Y A W V F E E O N V E
N I N I S E P S E M R L V E K E D T I E
C T D G W E V L T E B E R M D R A H R R
O H S H A D R A E T R T W A N T O A D T
L I T L L J X V E S S T O O P S R V Y S
N R R A N G P S I G T R S Z B S N E R Y
A D E N U C N E N C E R J T B S O N O E
V S E D T U W I T G E L E H S O S U K L
E T T R S D N S A F R R L E B R L E C R
U R V O T W Y T F X T U O O T C I O I A
Q E L A O R N E P U S K K A C Q W F H H
Q E G D R O J Q V W T Y A W D A O R B N
C T E E R T S R A D E C H U R C H A V E
R X H F H E I G T E E R T S L A C O L E
S C J A C K S O N B L V D N A R T S I I
B A C K S T R E E T F O R E S T R O A D
```

BACK STREET	FOREST ROAD	SERVICE ROAD
BOWERY	FRONTAGE ROAD	SEVENTH AVENUE
BROADWAY	HARLEY STREET	SMITH STREET
CEDAR STREET	HICKORY DRIVE	SPRING ST
CHERRY ST	HIGHLAND ROAD	STRAND
CHESTNUT DRIVE	JACKSON BLVD	SUNSET BLVD
CHURCH AVE	JEFFERSON RD	THIRD STREET
COLLEGE AVENUE	LINCOLN AVE	WALNUT ST
CROSS STREET	LOCAL STREET	WILSON ROAD
DOWNING STREET	LOMBARD STREET	
FIFTH AVENUE	MAPLE STREET	
FIRST STREET	MILL ST	
FLEET STREET	SECOND STREET	

Solution on page 154

```
T S O P N G I S W R O N G W A Y R Y M S
E D N O M A I D E A D E N D W H O E A U
L X Y Q W O R R A D E V R U C P N L R M
T G I E N O Z L O O H C S E J A O L K P
U N N T F I R E S T A T I O N R I O E V
O I C O N S T R U C T I O N T G T W R E
O S P R I U L F A L L I N G R O C K S Y
N S S M E T M I W E L E N N U T E R L D
C A A N U G U B P I L R C I C C S O O W
P P G T A B N A E P D G K N A I R W W W
R O D L E I Y A C R E E G P Z P E D C R
G N I S S O R C D A O R L I A R T A L O
R A L U G N A T C E R O Y O U S N O E U
G S S E L C A T S B O Q K W A Q I R A N
S T E E P G R A D E G R E M H D S C R D
A O N O I T C E R I D I P A H E A D A A
T P Q O Y L N O T I X E Z D N R N R N B
W A R N I N G N I K R A P O N O K W C O
S L O W D O W N A R R O W B R I D G E U
J U N C T I O N N D S P E E D L I M I T
```

BUMP	HAZARD	RAILROAD	STEEP GRADE
CAUTION	INTERSECTION	CROSSING	STOP
CONSTRUCTION	JUNCTION	RECTANGULAR	TUNNEL
CURVED ARROW	LOW CLEARANCE	ROAD WORK	WARNING
DANGER	MARKERS	ROUNDABOUT	WIDE LOAD
DEAD END	MERGE	SCHOOL ZONE	WRONG WAY
DIAMOND	NARROW BRIDGE	SIGNPOST	YELLOW
DIP AHEAD	NO OUTLET	SLIPPERY	YIELD
DIRECTION	NO PARKING	WHEN WET	
EXIT NUMBER	NO PASSING	SLOW DOWN	
EXIT ONLY	OBSTACLES	SPEED LIMIT	
FALLING ROCKS	PEDESTRIANS	SQUIGGLE	
FIRE STATION	PICTOGRAPH	ARROW	

Solution on page 154

Road Conditions

```
Y Q C R A C X A L Z R T W H G U C O Y L
X D O O P S V N P O J M E A O L C O U D
D E N K N A B W O N S N O W F A L L W N
M L G I Y S D X E Q F R E E Z I N G V X
X B E Y W D T F D L P K C O L D I R G E
P J S M X L E R C B E I V M F K D J G F
Q D T N H P A W U L K H P X E C L S S Y
Q D E F N Z V D O C M S C A K E Y L F S
C Y D D Z S E H A L T N Y N V N E I A F
E R H I O D T L Q K P I U J A E F C D X
D J L Y W O B C O O B A O R T L D K E A
L B A O P W L U S H A H E N U T A H K T
L U R D N T P F M G K C N R Z T T V C R
N C N X Y F H V G P N C R Q E O H C A O
V X T H L C N H E L Y I U O X B N I R Z
H S D V W L J A M M E D W H Q A N E C W
F V E M O V Z L R S U V R O C M K V R W
Z O C E G C C O O R Z H A S L U S H Y G
I H I M I S T Y Q P O D I R T F T N P R
J J U C R S B Q N B W W J H G U O R C S
```

AVALANCHE
BLACK ICE
BLIZZARD
BOTTLENECK
BUMPY
CHAINS
CHUCKHOLE
CONGESTED
CONSTRUC-
TION ZONE
CRACKED
CROWDED
DIRT

FLOODED
FLOWING
FLURRIES
FOG
FREEZING
GRAVEL
GRIDLOCK
JAMMED
MISTY
NARROW
PAVED
PLOWED
POTHOLE

RAIN
ROUGH
SLEET
SLICK
SLUSH
SNOW BANK
SNOWFALL
STORMY
WET
WINDY

Solution on page 154

Driving a Hybrid Car

```
C E N G I N E F F I C I E N C Y E B T Q
G N I K A R B E V I T A R E N E G E R B
I K N M K D R O C C A A D N O H N M A G
S B T R S U P E R C A P A C I T O R N N
H D E E F Q U K N S I R N Q T A I O S I
E R R G O B R Z O S R O O E A X T T M T
N I N A R H E O I L P P I V G C A A I A
I V A R D O C B T A O U T I I R R R S E
L E L O E N H A P C L L C R T E E E S S
O T C T S D A T M I L S U D I D L N I C
S R O S C A R T U M U I D Y M I E E O Q
A A M Y A C G E S O T O O G E T C G N M
G I B G P I E R N N I N R R S N C Z O U
N N U R E V A I O O O C P E I B A T E E
I D S E J I B E C C N I S N O U O I N L
G K T N Q C L S X E K B S Y N R Q E P O
R S I E G A E L I M E G A S U L E U F R
A T O Y O T A P R I U S M Y I R S K C T
H O N D A I N S I G H T A M G M P G F E
C I R T C E L E S E C R U O S R E W O P
```

ACCELERATION
AIR POLLUTION
BATTERIES
CHARGING
CONSUMPTION
DRIVETRAIN
ECONOMICAL
EFFICIENCY
ELECTRIC
EMISSION
STANDARDS
ENERGY
STORAGE

ENGINE
FORD ESCAPE
FUEL USAGE
GASOLINE
GENERATOR
GREEN
HONDA ACCORD
HONDA CIVIC
HONDA INSIGHT
INTERNAL COM-
BUSTION
MASS PRO-
DUCTION

MILEAGE
MOTOR
MPG
NOISE MITI-
GATION
OIL
PETROLEUM
POWER SOURCES
PROPULSION
RECHARGEABLE
REGENERA-
TIVE BRAKING
SEATING

SUPERCAPACITOR
SYNERGY DRIVE
TAX CREDIT
TOYOTA PRIUS
TRANSMISSION

Solution on page 154

Family Reunions

```
U T Q K S U V J Z R D S W Q R O X L L S
X E X P E Y N N H O R R Q E T W Z N V Z
F K B J T P S D O O H D L I H C U G P U
Q R B X I T V F T A M A A H F E H Z U Z
A J I C N F B S S L T E L P G T U Z B N
L I N E A G E M E I M K S A L G S A M J
E I R R N C L G V I B K Y T U B B T A D
C A D O N D R E C K T L V R E N A N R C
P E A A E S S E W N N I I A E A N U R F
B F U W G T S R H B S Z V N A T D A I O
W T G R A N D F A T H E R I G Y E O A V
V I H R T A E B Y L O L H E T U A M G U
S W T C I D Y R M M W M I C C C X T E N
H V E F R N U X D M A I D E N N A M E C
T P R U E E S R J L W R B N I A Y P O L
R H V H H C O G E E I R T X A T R U M E
I Q R Z I S L E H T A H S E A R S B J F
B R O T H E R P E B S W C O S I G J O I
E X T E N D E D F A M I L Y N I E C E W
G V L L V N A H X B T R S G P J K J E A
```

ACTIVITIES	DAUGHTER	MARRIAGE
ANCESTORS	DESCENDANTS	NEPHEW
ANNUAL	EXTENDED	NIECE
AUNT	FAMILY	PARENTS
BABY	FOOD	PICNIC
BARBECUE	FRIENDS	RELATIVES
BIRTHS	GRANDFATHER	SIBLING
BRANCHES	GRANDMOTHER	SISTER
BROTHER	HERITAGE	SON
CEMETERY	HOMESTEAD	UNCLE
CHILDHOOD	HUSBAND	WIFE
CHILDREN	LINEAGE	
COUSIN	MAIDEN NAME	

Solution on page 155

Off to the Races

```
O L L S E L A O O M O T O R A C E C A P
S O L J G A S N Z V N E M E K S T C G A
X P A T A Y W X I R P D N A R G Y A C S
T W W E R C T I P O L E C U V B L U H S
D M C M A R O R N S C I O S A F Z T A I
S A K L G A L J E N H C D N W K A O S F
G K S E W C D T M I E I M O X O I M S L
H R N H P K G D E L C R L U R T R O I C
U T A R U C O R C F K L S A A I W B S I
T O O N U O W A H O E H A C D U R I N Q
Y F T O D T T H A Y R I Y V I C E L O O
H R I O B S F N N E E T H N O R N E I N
E G R N B S T R I O D W N C V I C C S X
I E E O I Y S A C T F A D I W C H L S G
I N S J D S W E N M L Q Y R R E R E E P
P I M N T J H E R D A O R T I P R Z C Q
M G I N F I E L D P G C M F O V S C N J
X N F H D P A A I Q G A R D C N E Z O K
J E F F G O R D O N L O L A P S A R C H
Q L F G I G A L F N E E R G C E D A L G
```

AIR WRENCH	DRAG	LAPS	SPRINT
AUTOMOBILE	DRIVER	MECHANIC	STOCK CAR
CAR CAM	ENGINE	MOTOR	TIRES
CHASSIS	FINISH LINE	OBSTACLE	TURN
CHECK-	GARAGE	COURSE	WALL
ERED FLAG	GAS	OVAL	WINNERS CIRCLE
CIRCUIT	GRAND PRIX	PACE CAR	YELLOW FLAG
CONCESSIONS	GRANDSTAND	PASS	
CREW CHIEF	GREEN FLAG	PIT CREW	
DALE EARN-	HELMET	PIT ROAD	
HARDT JR	INDY	POLE	
DASH	INFIELD	PRESS BOOTH	
DAYTONA	JEFF GORDON	RADIO	

Solution on page 155

Rhymes with Road or Trip

```
U R A P D Q L G L H S Z D X X F Q F Y U
K M P X J U B K O Q A M D E W O L B P X
V I Y L N G Z X F O G U O E W O A T F M
Z D W W P M G F P C R P C D W O R N U T
J F Q G K W M T U I P N O E E O R H J P
T M W H S O M G O Z Z R D W V P L C G S
W S Y V J K E R U E B Z E O I H F G X K
Y V C U M S D O G U D I W H I P U L D I
Y G X I X X S E S F Z E C S E D B L I P
H P P T L W E H Y T W J W L A D G B I P
Z W Z Z I P I D B H O H W O U B O R O A
M L S L I P A W E I K W L W N W C L I Q
F G R W I O K T W W O W E E E S L P P P
Y K S X T P A J B M O W E D U T I P I S
Z O E E O J T C G X V S O E L R P U D F
U C I A D V X E Y I B N F W D O Q N J J
F G K X G O Z L Z Q Z T E E J D Q D H Y
F H F O Z R Q G V U P I N S Z E F O T L
R Z H E L B H V K Q A W Z W A V D I G L
I F V N Q T I Y Y Y F F Z W Z C F Z C Q
```

BLIP	LOAD	SLOWED
BLOWED	LODE	SNIP
BOWED	MODE	SNOWED
CHIP	MOWED	SOWED
CLIP	NODE	STOWED
CODE	QUIP	STRODE
CROWED	SCRIP	TIP
DIP	SEWED	TOAD
DRIP	SHIP	TOED
FLIP	SHOWED	WHIP
FLOWED	SIP	ZIP
GLOWED	SKIP	
GRIP	SLIP	

Solution on page 155

Road Map

```
G C L S F P T P J L E V A R T Q N R U R
C S N O I T C N U J L S L L R S A O D A
H I H K T N I A T N U O M Q O R N T V I
N U H C C O H O S P I T A L P I Y A K L
L A Y P E X P R E S S W A Y R V X U U R
O A V T A X A O S G C G S I I E G Q J O
F B N I I R R K L B O U N D A R I E S A
I S V D G C G D P O S N O I T C E R I D
S T V I M A O O H I G V I E K A L P T U
C R O D S A T M H H N I T E L A C S B Y
E A R R R U R I P T V T C V P D M Q H C
N C I E N J A K O A I W E A L M A P S N
I T E S D O C L S N S L J R L H A A A A
C O N T O U R L I N E S O Q S R X L N M
R G T A W C T T A Z S W R T G T L T G I
O C A R E R H I H O A A P O G Q A I I N
U A T E S P U I T P B T E L S R Y T S G
T O I A T L A S G A O G I L F E I U E R
E N O I T A V E L E L L O O K O U D D Y
N N N H I G H W A Y F M E I N G Q E H M
```

ABSTRACT	EXPRESSWAY	MAPS	TOPOLOGICAL
AIRPORT	GEOGRAPHY	MOUNTAIN	TRAVEL
ALTITUDE	GRID	NAMING	VISUALIZATION
ATLAS	HIGHWAY	NAVIGATION	WEST
BOUNDARIES	HOSPITAL	NORTH POLE	WORLD
CARTOGRAPHIC	INTERSTATE	ORIENTATION	
CITY	JUNCTIONS	PROJECTIONS	
COMPASS ROSE	KEY	RAILROAD	
CONTOUR LINES	LAKE	REST AREA	
DESIGN	LANDMARKS	RIVER	
DIRECTIONS	LATITUDE	SCALE	
ELEVATION	LITHOGRAPHIC	SCENIC ROUTE	
EQUATOR	MAPMAKING	TOLL	

Solution on page 155

Route 66

```
O O G A C I H C U R I O S H O P S O F R
S K C I K R U O Y T E G P T M K C A C E
M E T E O R C R A T E R S A O A D T M V
A S Z L O O D O W M T B M R T N R T B I
I T S I F C V A L E E P R W O S I R N V
N N R B L I H D A R X I A F R A V A A A
S A E O W X I S N A A R F O C S E C D L
T R H M O E S I O M S U E S O C T T R F
R U T O B M T D G E E O L E U E H I A E
E A O T T W O E A C L S I P R N R O T D
E T R U S E R V I C E S T A T I O N S E
T S B A U N I D D A G I P R S C U S U R
A E G I D E C O T V N M E G S B G U C A
M R N L F R R U A E A C R M Z Y H P N L
O W I L L R O G E R S H I G H W A Y E R
H W T I N Z U R R N O C I F F A R T Z O
A X I N E M T R G S L M A Q B Y W B O U
L N H O R J E P A I N T E D D E S E R T
K I W I V Z K D A O R R E H T O M D F E
O G Z S C A L I F O R N I A N O Z I R A
```

ARIZONA	GREAT DIAGO-	NEW MEXICO	WHITING
ATTRACTIONS	NAL WAY	OKLAHOMA	BROTHERS
AUTOMOBILE	HISTORIC ROUTE	PAINTED DESERT	WILL ROG-
CALIFORNIA	ILLINOIS	REPTILE FARMS	ERS HIGHWAY
CHICAGO	KANSAS	RESTAURANTS	
CURIO SHOPS	LOS ANGELES	REVIVAL	
DRIVE THROUGH	MAIN STREET	ROADSIDE	
DUST BOWL	MERAMEC	SCENIC BYWAY	
FEDERAL ROUTE	CAVERNS	SERVICE STA-	
FROZEN CUSTARD	METEOR CRATER	TIONS	
GET YOUR KICKS	MISSOURI	TEXAS	
GRAPES OF	MOTHER ROAD	TRAFFIC	
WRATH	MOTOR COURTS		

Solution on page 155

```
H K Q P N F M W E A V I N G C C S Y Y M
W I C S T R E E T S C W N L A G S X A P
F A G E V E U B R V L I O U B E Y G W H
O W T H R E Q T H G N V T L L J N K S V
O Z S G W W C F U R E O N C F I C T S P
B R N I T A Q A U R B Z I B S O H T E T
T X A N U Y Y T L A Y H I S L G I I R S
I F I T O A L E H B E C A D I M U X P H
J Z R E B W A N Q V Y P I L I L K E X R
X S T R A F F I C C I R C L E W L K E I
R X S S D O C M L X G I D G E A A O S I
Y O E E N T O E Q F F E N D N C W T C G
D G D C U H S C E F E A H E C J S R R Y
R O E T O G S M A P H R S I A I S U O I
Y Z P I R I K R S C O G D M R A O C A A
L C P O G R T P R U A E R O S H R K D P
W R M N S A F E T Y N Y T W H H C S S W
Z M A S D N T E H T R O P S N A R T X T
V L R K N N S C Z H M J U N C T I O N K
U L X A I L C M O T O R W A Y S P L R O
```

ACCIDENT	INTERCHANGE	ROUNDABOUT	VEHICLES
AUTOBAHN	INTERSECTIONS	ROUTE	WEAVING
BICYCLES	JAM	RUSH HOUR	WRECK
CARS	JUNCTION	SAFETY	
CLOVERLEAF	LANES	SIGNAL	
COLLISION	MERGE	SPEED LIMITS	
CROSSWALK	MOTORISTS	STREETS	
EXIT	MOTORWAY	TRAFFIC CIRCLE	
EXPRESSWAY	PASSING	TRAFFIC LIGHTS	
FLOW	PEDESTRIANS	TRANSPORT	
FREEWAY	RAMP	TRUCKS	
GRIDLOCK	RIGHT OF WAY	TURNING	
HIGHWAY	ROADS	U TURN	

Solution on page 155

Weekend Getaway

```
Q S K C A N S T E O X C A M P I N G R X
C Y C A V L S Q S R Z X F H S S Q W P R
A X H M P C I H F I M C O A T U S E W R
M H U E M A P S D O R T T N V I E L O U
J O U R N E Y U K I O U A K G T G U H K
F T U A I R H N Z G R R O L D C A D D H
V E N N E I R D R D U E U T E A R E I A
N L N N T W N A A A S D C G S S E H E D
V V E Y B A P Y T C K R K T T E V C G V
I C S A U H I S T O R I C S I T E S G F
S S E W S F E N F W A V M V N O B G N O
I T M H Q R N B S S P E Y J A O N M I D
T N I G Y G H Q R Q L R R P T E T S P M
O E L I B O M O T U A H O L I D A Y P L
R M E H J J O W G R N Q A A O I Q L O M
A U A F T D D G E R O I D N N V V T H L
C N G S T R A N G N I E E S T H G I S R
E O E U V G I J M O T O R C Y C L E M S
S M O Q E T K P C B A G G A G E A F X A
E S E V I T A L E R N E P Y I S E S D G
```

AUTOMOBILE	HOTEL	PLANS	TRIP
BAGGAGE	INN	RELATIVES	VIDEO
BEVERAGES	ITINERARY	RESTAURANTS	VISITOR
BUS	JOURNEY	ROAD	
CAMERA	LUGGAGE	SATURDAY	
CAMPING	MAPS	SCENERY	
CAR	MILEAGE	SCHEDULE	
DESTINATION	MONUMENTS	SHOPPING	
DIRECTIONS	MOTORCYCLE	SIGHTSEEING	
DRIVE	MOUNTAINS	SNACKS	
HIGHWAY	NATIONAL PARKS	SUITCASE	
HISTORIC SITES	OUTDOORS	SUNDAY	
HOLIDAY	PHOTOGRAPHS	TOURIST	

Solution on page 156

City Park

```
O J O G G E R S T A O B E L D D A P H H
D V S E L B A T R A S H C A N B C A E X
P S R E C I F F O E C I L O P E A V D Q
T S K A T E B O A R D T M O M N N I I A
M Q E D A H S E S O R A N B X C O L L U
N E R D L I H C L E I K O S O H E L S S
J G R I L L C A E D N C I T B D R I P L
L S D R F S W S L L K L T A D L T O G H
D L L W Y N N L I S I O A C N E A N U H
R N A S N G A O R B N W E L A I E E P J
F G U B A B O E W C G N R E S F H D N T
O A W O E D L R A C F S C C E R T R I M
U Z E S R G L N O S O G E O M E I A X G
R E A D G G D P T U U N R U A C H G O P
S B V U A Y Y O F W N L E R G C P O O L
Q O J H N N Y A D Z T D A S X O M C O S
U P K T R U O C L L A B T E K S A B Z D
A P U I S A Q M C P I C E C R E A M W O
R O A S T E D P E A N U T S N A L P O
E C A L P E R I F L O W E R S E E S A W
```

AMPHITHEATRE	FLOWERS	OBSTACLE	SHADE
BASEBALL	FOUR SQUARE	COURSE	SKATEBOARD
DIAMOND	GAMES	PADDLE BOATS	SLIDE
BASKETBALL	GARDEN	PAVILLION	SNOW CONES
COURT	GAZEBO	PLANTS	SOCCER FIELD
BENCH	GRILL	PLAYGROUND	TABLES
CANOE	ICE CREAM	POLICE OFFICERS	TRASH CAN
CHILDREN	JOGGERS	POOL	TREES
CLOWNS	JUGGLERS	RECREATION	WOODS
COTTON CANDY	KITE	ROASTED	
DODGEBALL	LAWN	PEANUTS	
DRINKING	LEMONADE	ROSES	
FOUNTAIN	MERRY GO	SANDBOX	
FIREPLACE	ROUND	SEESAW	

Solution on page 156

Museums Around the World

```
A I N T E R A C T I V E X H I B I T S W
S B N H E R M U E S U M E R O H A L C L
H C O M V M U E S U M O H I M I U V U O
M H I U M U E S U M H S I T I R B K R U
O I T E Y U S M U E S U M N A C I T A V
L L C S N K U F I E L D M U S E U M T R
E D E U A C M U E S U M O C R A L U O E
A R L M T R E T Y A K O V G A L L E R Y
N E L I I E G A W A X M U S E U M S V R
M N O K O S A N N E F R A N K H O U S E
U S C S N E T Y A D V A S H E M G M E L
S M E Y A A I L N O I T A C U D E E V L
E U C R L R M M I E H N E G G U G V I A
U S A O G C R X P N G N D Z M H C G H G
M E L T A H E I N S T I T U T I O N C I
Z U L R L N H C A T A L O G S S Z I R Z
B M A A L J J E A R T I F A C T S R A I
T I W Z E Y M R A A T T O C A R R E T F
R Y B C R S M I T H S O N I A N J Y N F
K Q S I Y N X E O L L E G R A B P G I U
```

ANNE FRANK HOUSE
ARCHIVES
ARTIFACTS
ASHMOLEAN MUSEUM
BARGELLO
BRITISH MUSEUM
CATALOG
CHILDRENS MUSEUM
CURATOR

CZARTORYSKI MUSEUM
EDUCATION
EXHIBITS
FIELD MUSEUM
GUGGENHEIM
HERMITAGE MUSEUM
INSTITUTION
INTERACTIVE
L'AHORE MUSEUM
LARCO MUSEUM
LOUVRE

MIHO MUSEUM
NATIONAL GALLERY
RESEARCH
RINGVE MUSEUM
SCIENCE AND INDUSTRY
SMITHSONIAN
TATE
TERRACOTTA ARMY
TRETYAKOV GALLERY

UFFIZI GALLERY
VATICAN MUSEUMS
WALLACE COLLECTION
WAX MUSEUM
YAD VASHEM

Solution on page 156

Picnic at the Park

```
R N O G I D E Y G D I H M A X P G O S P
C C P A R K B X V O Z O R F C I N C I P
L W H X G A X A X M O E L I O F I R E O
F I G A M E S C O K E S K E W E R S S E
P T G Y R A W S D B M N Y L I M A F W J
V H Z H G B X F Q G N I N O S A E S O N
N M W A T E R M E L O N S E V R S T N A
A C O O L E R O W G N W L U K Z C O R N
E W P A M Q R F I A O B A R B E C U E X
T I D A Z F A F P L A Y G R O U N D P T
Z O L U N H H K L T B S R W L L C C P D
L F N P F A I A E U R U Q L C O C L E A
A L X G R N M G U E I E C B O O I L P E
W R I A S H E M G N Q D C K L N L H B R
Z J H R S V Y R E F U H O A X A T U O B
K O C R G E U K E C E U S H B D N O N J
Q T A V L B C C N E T D A T E S D K X I
G M B K M I B V S N T E F M A T C H E S
C S I A H M R E A A E O F R U I T W B T
Q U H C I W D N A S S B H O T D O G I A
```

ANTS	COOLER	HOTDOG	SKEWERS
BARBECUE	CORN	LIGHTER FLUID	SOFTBALL
BEER	DATE	MARSHMALLOWS	TONGS
BLANKET	FAMILY	MATCHES	VEGETABLES
BREAD	FIRE	NAPKINS	WATERMELON
BRIQUETTES	FLAME	OUTDOOR	
BUNS	FOIL	PARK	
CHARBROIL	FRUIT	PEPPER	
CHEESE	GAMES	PICNIC	
CHICKEN	GRASS	PLAYGROUND	
COKES	GRILL	SANDWICH	
COLAS	HAMBURGERS	SEARING	
COOK OUT	HIBACHI	SEASONING	

Solution on page 156

Theme Parks

```
S N E D R A G H C S U B L E D I R Y K S
G O D M J W A T E R S L I D E C H H E R
A V I O E D U M P H T R G S T E K C I T
L E S D S J A H C T I S E N O C W O N S
F L N G U G V D O G L T V T H R I L L S
X T E N O T Q N T N T U A E S E Z I R P
I I Y I H N S A U E A N W A C A L G X V
S E W K D E L L W R W A L N O M R R W M
G S O C E M A E A T H E A I T P O E F E
O C R I T N M R T S I P D M T E L A A R
D R L G N I I U E F R D I A O S L T C R
T A D A U A N T R O L E T L N M E A E Y
O M O M A T A N R T I T V K C U R M P G
H B L V H R D E I S N S A I A E C E A O
S L L E W E E V D E E A B N N S O R I R
N E Y N I T F D E T S O Q G D U A I N O
W R W D P N F A S T X R F D Y M S C T U
O F O O D E U M A G I C M O U N T A I N
L H O R S D T L O G F L U M E Q E R N D
C U D S Y F S E D I R Y D D I K R V G W
```

ADVENTURELAND	HAUNTED HOUSE	MUSEUMS	TEST OF
ANIMAL KINGDOM	HOT DOGS	NOVELTIES	STRENGTH
BUSCH GARDENS	ICE CREAM	PRIZES	THRILLS
CLOWNS	KIDDY RIDES	ROASTED	TICKETS
COTTON CANDY	LINES	PEANUTS	TIDAL WAVE
DISNEY WORLD	LOG FLUME	ROLLER COASTER	TILT A WHIRL
DOLLYWOOD	MAGIC KINGDOM	SCRAMBLER	UNIVERSAL
ENTERTAINMENT	MAGIC MOUNTAIN	SIX FLAGS	STUDIOS
EPCOT	MERRY GO	SKY RIDE	VENDORS
FACE PAINTING	ROUND	SNOW CONES	WATER RIDES
FOOD		STUFFED ANI-	WATER SLIDE
GAMES		MALS	
GREAT AMERICA			

Solution on page 156

```
A R T J V X D M B N M Q C I K B T T I Q
P M T Q I S L C N L H N S S M C R C A Q
E D U C I E E P T E O G Y E O P I S N H
R E O G A L L A T I N L D R P B A R E B
G E R O C H O C O I R I O R O L N E T I
H R H E V M G N R R C N E L F A I V O E
A L E A V H X P I I A S A R Z C L I O N
P O L E W I S A N D C L A R K K E R K V
M D Z B N Y R E O O R N L A T H G X I I
O G F A L M B E T R C A V Y U I N I S L
C E U L R O O T T I M A N T I L A S A L
N L O X W K F U S I S A S R O L M N T E
U H E M R J F M N A H U L S E S O E C H
N S I A I T A I M T M W P L D B U S H B
O I X D R R I U S T A A S E E W N S I A
U L I M I W L Y E H D I H A R G T A E S
K L D O B P A R U R L R N H N I H L S H
S A N J U A N T E A R A P A H O O E C L
D H E L E N A S E E G E K S U T O R N E
Z C O D O M N O S R E F F E J X D E O Y
```

ALLEGHENY
ANGELINA
ARAPAHO
ASHLEY
BIENVILLE
BLACK HILLS
CHALLIS
CIBOLA
CLEARWATER
CORONADO
DEERLODGE
DIXIE
FISHLAKE

FRANCIS MARION
GALLATIN
GREEN MOUN-
TAIN
HELENA
HOLLY SPRINGS
JEFFERSON
KISATCHIE
KOOTENAI
LASSEN
LEWIS AND
CLARK
LOLO

LOS PADRES
MANTI LA SAL
MEDICINE BOW
MODOC
MOUNT HOOD
OCHOCO
OZARK
PLUMAS
PRESCOTT
ROUTT
SAN BERNARDINO
SAN JUAN
SIX RIVERS

SUMTER
SUPERIOR
TUSKEGEE
UNCOMPAHGRE
WHITE RIVER

Solution on page 156

U.S. National Monuments

```
V M M I S T Y F J O R D S D E B A V A L
G K C W Y T R E B I L F O E U T A T S N
C N A T U R A L B R I D G E S Q E A N A
D S P H T R E S E D N A R O N O S A I V
N D E V I L S P O S T P I L E D J F U A
A E K C C A N Y O N D E C H E L L Y R J
L V R V Q E G D I R B W O B N I A R E O
S I U S F F I L C N O I L I M R E V D F
I L S S U T C A C E P I P N A G R O N O
Y S E X S D E B L I S S O F E T A G A R
T T N Z G I A N T S E Q U O I A Q U R T
L O S E V A C S O G O N A P M I T W G P
A W T O N T O F O R T M C H E N R Y A U
R E E I U X Y E T T U B L I S S O F S L
I R R K S A C I R E D E R F T R O F A A
M I N I D O K A I N T E R N M E N T C S
D M O N T E Z U M A C A S T L E N T N K
A S H E G A T R O P D N A R G D M P I I
F O R T M O U L T R I E L M A L P A I S
J O R R O M L E F O R T S T A N W I X X
```

ADMIRALTY ISLAND	EL MORRO	MINIDOKA	SONORAN DESERT
AGATE FOS-SIL BEDS	FORT FREDERICA	INTERNMENT	STATUE OF LIBERTY
CANYON DE CHELLY	FORT MCHENRY	MISTY FJORDS	TIMPANO-GOS CAVE
CAPE KRU-SENSTERN	FORT MOULTRIE	MONTEZUMA CASTLE	TONTO
CASA GRANDE RUINS	FORT PULASKI	NATURAL BRIDGES	VERMILION CLIFFS
DEVILS POSTPILE	FORT STANWIX	NAVAJO	
DEVILS TOWER	FOSSIL BUTTE	ORGAN PIPE CACTUS	
EL MALPAIS	GIANT SEQUOIA	RAINBOW BRIDGE	
	GRAND PORTAGE		
	JOHN DAY FOS-SIL BEDS		
	LAVA BEDS		

Solution on page 157

U.S. National Parks

```
E Y B D C H A N N E L I S L A N D S H I
E E W J N O Y N A C D N A R G B N D A L
R L R I S L E R O Y A L E F R R S O L A
T L E V E S O O R E R O D O E H T O E N
A A I O K A E S G L I O C V A A T W A E
U V N Y A G N G R L S H A S T W U D K D
H H I A L U O N E A E C P E S A C E A G
S T A G R T T I A V D E I D A I A R L L
O A R E E R S R T A A V T A N I N O A A
J E T U T O W P B G L A O C D V Y C M C
L D N R A T O S A O G C L S D O O K A I
A R U S R Y L T S H R D R A U L N Y M E
K E O X C R L O I A E N E C N C L M M R
E V M G A D E H N Y V I E H E A A O O B
C A R C F F Y M V U E W F T S N N U T A
L S N O Y N A C E C Y R B R G O D N H Y
A E J P E T R I F I E D F O R E S T C S
R M C K I N G S C A N Y O N V S P A A H
K A T M A I S D N A L S I N I G R I V R
H A O D N A N E H S D R O J F I A N E K
```

BRYCE CANYON
CANYONLANDS
CAPITOL REEF
CARLSBAD
CAVERNS
CHANNEL
ISLANDS
CRATER LAKE
CUYAHOGA
VALLEY
DEATH VALLEY
DENALI
DRY TORTUGAS

EVERGLADES
GLACIER BAY
GRAND CANYON
GREAT BASIN
GREAT SAND
DUNES
HALEAKALA
HAWAII VOL-
CANOES
HOT SPRINGS
ISLE ROYALE
JOSHUA TREE
KATMAI

KENAI FJORDS
KINGS CANYON
LAKE CLARK
MAMMOTH CAVE
MESA VERDE
MOUNT RAINIER
NORTH CAS-
CADES
PETRIFIED
FOREST
REDWOOD

ROCKY MOUN-
TAIN
SHENANDOAH
THEODORE
ROOSEVELT
VIRGIN ISLANDS
VOYAGEURS
WIND CAVE
YELLOWSTONE

Solution on page 157

Wild Animal Parks

```
S X X T F B X T I G E R S Z T M M F K X
Z Z Z G I F T S H O P C O D A R F L K V
K P J N A F Q G V C R E O S C Q E Q K X
C Y N F X I O P S R H A C L B X G E A M
T R G O L R G F L A M I N G O E S P S Y
L A T R I O P I L N E W M G B G O L E T
S I C L I S W V R N M S N P U L Y P T C
M V L F K Z S E T A M I R P A T Y R M O
A A L L N L Z I R F F H I R U N A S O U
M T P H W P F L M S P F B B V I Z N O G
M W C O E I Z B Y D P E E D N Y G E S A
A G A M C T A T I B A H S E L I T P E R
L S R T L D B O Y R E L E P H A N T S G
S R I N E V U O S U M A T O P O P P I H
E E B C K R H I N O C E R O S R S O A S
L V O Z F M F C A M B R D E B R J T E M
T A U R E S E A R C H Y E N A I E S A D
R E E U E K A M L E M U R S C E R E I B
U B U V D B R E N L W A R T H O G D D V
T J S L P G V L F M Q Y F C H W A P S R
```

ADMISSION	ELEPHANTS	LEMURS	TRAIN
AVIARY	ELK	MAMMALS	TREES
BATS	FEED	MOOSE	TURTLES
BEAVERS	FLAMINGOES	ORANGUTANS	WARTHOG
BIRDS	FLOWERS	OWLS	WATERFALL
BOBCAT	GIFT SHOP	POLAR BEARS	
CAMEL	GIRAFFE	PRIMATES	
CARIBOU	GORILLA	REPTILES	
CHEETAH	GRIZZLY BEAR	RESEARCH	
CHIMPANZEE	HABITAT	RHINOCEROS	
COUGAR	HIPPOPOTAMUS	SCIENTIFIC	
DEER	HORSES	SOUVENIRS	
ECOLOGY	HYENA	TIGERS	

Solution on page 157

Public Aquariums

```
S E S U R E H A B I L I T A T I O N H S
F W J H S V F R C R A P P I E K S V V C
N T U N A U L E D R S T U R G E O N D L
X Y C H P R U T E C Y H S I F D L O G D
P V A A H F K S E E C L A R O C O I E N
W V T D L E E B W J F K I M A Y B T N W
S S F D G A Z O A S L L I C P Z V A I R
P X I O R S J L E D O L S P G I P V D S
N J S C D S Y A S K U I U J X L A R R J
R O H K M G W Y T A N G P G V A A E A B
Y F M N O A T G A M D E O U S Z D S S S
S V M L T G S L N F E U T I Z S F N S H
B L O E A U R O K C R L C T N E Q O P Q
G I R H N S T O S X H B O A G A E C E A
B E E F C K U M U U C U P R R U Z K C K
H V I R N N U T C P R P B F U R N G I C
G S D A L B A C O R E K Y I N C A O M P
H A L I B U T F Q R P R E S I H R B E D
Z P U F F E R I B A D I F H O I B Y N T
H R V U W O N N I M A R L I N N G I S A
```

ACRYLIC GLASS	FLUKE	PERCH	SPECIMENS
ALBACORE	GOBY	PIKE	STURGEON
ANCHOVY	GOLDFISH	PLANKTON	SUNFISH
BARRACUDA	GROUPER	PUFFER	TANKS
BIOLOGY	GRUNION	RED SNAPPER	TUNA
BLUEGILL	GUITARFISH	REHABILITATION	
CATFISH	GUPPY	RESEARCH	
CHUB	HADDOCK	SALMON	
CONSERVATION	HALIBUT	SARDINE	
CORAL	LOBSTER	SEA URCHIN	
CRAPPIE	MARLIN	SEAWEED	
EEL	MINNOW	SEAWATER	
FLOUNDER	OCTOPUS	SHARK	

Solution on page 157

Yellowstone

```
O G N I S A B R E S Y E G S I R R O N G
N S T E A M B O A T G E Y S E R O I X E
A T R T E X C E L S I O R G E Y S E R O
C R D C E P O L E T N A E N H A U P M T
L A M O N T A N A C E Z L I B P E A N H
O I S N U A N M G B O U K R B E R I O E
V L S T C G O I K N F Y E P H M O W R R
D S L I L O L C O H I S O S O P E F D M
U R L N S E A A T P Y K N T N U G I L A
M I A E Y L G I S E T R I O E P A R A L
N B F N B L A E G F O S I H O P L E C E
A B R T G F Z Y Y H I T I H S E L H R L
C O E A D E A Z G S A R P T P R I O U G
I N W L U W R I I R E U N O R F V L H A
L L O D D T B S I R T R O M E A T E P E
E A L I M U D P O T G C S M Y L N R L D
P K M V R E S Y E G Y S I A D L A I U L
R E V I R N O S I D A M B M S S R V S A
O H A D I N A T U R A L B R I D G E Y B
B I Y E L L O W S T O N E R I V E R P Q
```

ANTELOPE
ARTIST POINT
BALD EAGLE
BIGHORN SHEEP
BISON
BLACK BEAR
CASTLE GEYSER
CONTINEN-
TAL DIVIDE
COYOTE
DAISY GEYSER
DOUGLAS FIR
ELK

EXCELSIOR
GEYSER
FIREHOLE RIVER
GEOTHERMAL
GRANT VILLAGE
GRIZZLY
HIKING
IDAHO
INSPIRA-
TION POINT
LOWER FALLS
MADISON RIVER

MAMMOTH
HOT SPRINGS
MARMOT
MIDWAY GEY-
SER BASIN
MONTANA
MOOSE
MUD POT
MUD VOLCANO
NATURAL BRIDGE
NORRIS GEY-
SER BASIN
OLD FAITHFUL

OSPREY
PELICAN
RANGERS
RIBBON LAKE
STEAMBOAT
GEYSER
SULPHUR
CALDRON
TRAILS
UPPER FALLS
YELLOW-
STONE RIVER

Solution on page 157

Art Museums

```
Z Q S H P S P E O T I Z P G Z S W W R B
V S T F S E G R F K C H A R C O A L O Z
L M U E S U M N A T I L O P O R T E M Q
O I D R T E R S I D Z U E O B R E F A M
F K I V A D P B I V O L H S P V R N N L
T T O U P Y D A W N R Z P T I F C A E M
G S X O E C T V C O O A U E C R O I S K
K A I L S G C T J S I I C R T E L N Q H
C V J T T G I X K N D B S Y U S O O U R
D N D D R B N S T L B N S S R C R S E T
F A G A I A A I O E W T A U E O Z H M M
M C B H E M N Q V S C Y I L M R V T Y D
M L X E S G Y H P A R G O T O H P I N K
P E C E S T J H F E R O F R A M E M C T
M T D G O T H I C V M G I N W T D S I U
P S T I A R T R O P V F N L T E G Y L P
Q A I N O R T A P A R A B E S Q U E Y E
D P P B A B S T R A C T L I M O D E R N
K A G E U D F J C M N A G S U B J E C T
J G R Z R C U L W X P N T N E I C N A S
```

ABSTRACT
ACRYLIC
ANCIENT
ARABESQUE
ARTIFACTS
ARTIST
BRUSH
CANVAS
CHARCOAL
CUBISM
DESIGN
EASEL
ENGRAVINGS

EXHIBIT
FRAME
FRESCO
GOTHIC
IMPRESSIONISM
INK
IVORY CARVINGS
LANDSCAPES
LOFT
LOUVRE
MASKS
METROPOLI-
TAN MUSEUM

MODERN
OILS
PAINTING
PALETTE
PAPER
PASTEL
PATRON
PEN
PHOTOGRAPHY
PICTURE
PORTRAITS
POSTER
PRADO

ROMANESQUE
SMITHSONIAN
STUDIO
SUBJECT
TAPESTRIES
WATERCOLOR

Solution on page 157

The United States

```
N O C C Y E S R E J W E N O G E R O G R
A H J U D E L A W A R E T I I A W A H X
A I N D I A N A O O W N A N A T N O M N
V O G A N S Z P D H R O H A D I D M E O
W T C R S T D N A L Y R A M S E I W K T
Y E A U O T V M R H A T U N I S M L N G
O N L I U E P W O X R H O S S E A O M N
M N I P T S G E L D T C L O X H M A I I
I E F P H U A S O G S A U I O R I C N H
N S O I D H K T C I N R C M E N F E N S
G S R S A C S V W D I O A V E V S I E A
X E N S K A A I N A V L Y S N N E P S W
N E I I O S L R A N A I S I U O L M O Y
E T A S T S A G C O N N E C T I C U T K
B Q W S A A N I L O R A C H T U O S A C
R D O I J M A N A G I H C I M N S K Z U
A W I M E U V I L L I N O I S A X E T T
S A S N A K R A T O K A D H T R O N G N
K R O Y W E N E V A D A D L X J W Z Y E
A M A B A L A R I Z O N A D I R O L F K
```

ALABAMA	IOWA	NEW HAMPSHIRE	TEXAS
ALASKA	KANSAS	NEW JERSEY	UTAH
ARIZONA	KENTUCKY	NEW MEXICO	VIRGINIA
ARKANSAS	LOUISIANA	NEW YORK	VERMONT
CALIFORNIA	MAINE	NORTH CAROLINA	WASHINGTON
COLORADO	MARYLAND	NORTH DAKOTA	WEST VIRGINIA
CONNECTICUT	MASSACHUSETTS	OHIO	WISCONSIN
DELAWARE	MICHIGAN	OKLAHOMA	WYOMING
FLORIDA	MINNESOTA	OREGON	
GEORGIA	MISSISSIPPI	PENNSYLVANIA	
HAWAII	MISSOURI	RHODE ISLAND	
IDAHO	MONTANA	SOUTH CAROLINA	
ILLINOIS	NEBRASKA	SOUTH DAKOTA	
INDIANA	NEVADA	TENNESSEE	

Solution on page 158

```
M U G C M I S S O U L A F L O O D S S G
M D N A L H S A F S L L A F O L I L E C
H A I J Q R C O L U M B I A R I V E R R
L Q D S N A C I R E M A E V I T A N D A
G J A E N I L T H E D A L L E S D A M T
O S R A L I K O O M A L L I T Z D S B E
R S T S I L A T N E M N O R I V N E D R
O R R E R R I T O R E G O N T R A I L L
B E U G O G O V N P E F R R W V Y R E A
S Z F N G R S T E U O V A A E G R I I K
L A O A U E R E S N O R I R N J R A F E
L L R R E S E N B A N M T R M C A R G K
I B T E V H G E B Z T O H L E E H P N I
H L C D A A G G E X N R B T A K R E I N
L I L A L M O U N T H O O D A N A S R O
U A A C L O L E D X H D Z F C M D N P S
M R T S E W H T R O N C I F I C A P S L
B T S A Y E L L A V E T T E M A L L I W
E G O C R V L E W I S A N D C L A R K O
R C P E N I L T S A O C O R V A L L I S
```

ASHLAND
BEAVERTON
BEND
BONNEVILLE DAM
CASCADE RANGE
CELILO FALLS
COASTLINE
COLUMBIA RIVER
CORVALLIS
CRATER LAKE
ENVIRONMEN-
TALISTS
EUGENE

FARMERS
FORT ASTORIA
FORT CLATSOP
FUR TRADING
GRESHAM
HARRY AND
DAVID
HILLSBORO
KLAMATH
MOUNTAINS
LEWIS AND
CLARK
LOGGERS

LUMBER
MISSOULA
FLOODS
MOUNT HOOD
NATIVE AMERI-
CANS
NIKE
OREGON TRAIL
PACIFIC NORTH-
WEST
PORTLAND
PRAIRIES
RANCHERS

ROGUE VALLEY
SNAKE RIVER
SPRINGFIELD
THE DALLES DAM
TILLAMOOK
TRAIL BLAZERS
WILLAMETTE
VALLEY

Solution on page 158

Illinois

```
B B W M E T A T S E I R I A R P R L Q N
A K S O L D I E R F I E L D E C A T U R
L L Y F A M I L Y F A R M L J O R S I L
I S N A E B Y O S T Y U R A C A S P N U
M H M A R Q U E T T E U M I N E A R C J
R E V I R I P P I S S I S S I M O I Y Q
E D D G A C W C U T D N P T R T H N N W
F D E K U J O M B W A O L E A J I G R H
J A Z Z M R D E E G R A G V I D O F E I
A Q U G K L L S A T K C E E R E R I T T
M U W Y E T T E A E Y L E N O P I E S E
A A A I V E R T M Q E X I S E A V L E S
B R F S R D I I M N V Y W O P U E D W O
O I B N L O C N I L F O D N A L R L H X
K U I A N H H A Y M A R K E T R I O T L
C M N H I L R B W A B A S H R I V E R P
A O U G H G R A I N B E L T T E I L O J
R B A D R O F K C O R C H I C A G O N C
A N O T G N I M O O L B E A R S E U L B
B U L L S O Y X H C I F R J I G Y E H B
```

ADLAI STE-VENSON
BARACK OBAMA
BEARS
BLOOMINGTON
BLUES
BULLS
CHICAGO
COAL
CUBS
DECATUR
DEPAUL
FAMILY FARM
FERMILAB
FIELD MUSEUM
GRAIN BELT
GRAIN ELEVATOR
HAYMARKET RIOT
JAZZ
JOLIET
LAKE MICHIGAN
LAND OF LIN-COLN
MARQUETTE
MIDWESTERN
MISSISSIPPI RIVER
NORTHWESTERN
OHIO RIVER
PEORIA
PRAIRIE STATE
QUINCY
RAY KROC
ROCKFORD
RONALD REAGAN
RUST BELT
SHEDD AQUARIUM
SOLDIER FIELD
SOYBEANS
SPRINGFIELD
TRANSPORTA-TION HUB
WABASH RIVER
WHITE SOX

Solution on page 158

California

```
Y Y C T W E S D O O W D E R B C C R A W
P O S A J O A D E M A L A L P I N E I Y
P S U N V H N X Z H O L L Y W O O D Y U
O E A C B A T S A H S T N U O M S S E C
P M L A H T A G I Y A U V I A A A R W
A I S L C E C S O E E M R Q Y R N N E G
L T I A E K R C L L R L O D J I D T T U
M E N V T A U O H L D R L N L P I A N P
S S A E L L Z D C A I E A A O O E C O O
P O T R A R O O A V Q H N N V S G L M G
R J S A C R A M E N T O Y B E A O A Z J
I N Y S M H U M B O L D T L E V P R G P
N A E C O C I F I C A P G X R A A A X E
G S A N J O A Q U I N H W I N E R D N O
S E Q T Q N D N A L Y E N S I D V W A O
Q G E D I S R E V I R B E R K E L E Y M
D N A L M R A F V S A N B E N I T O B N
P A I E L A I R E P M I N E S S A L J G
N R E A Q R X U Z R W M E R C E D M F R
O O A S T A N F O R D N A L K A O L A Y
```

ALAMEDA	IMPERIAL	POPPY	STANFORD
ALPINE	LAKE TAHOE	REDWOODS	STANISLAUS
BEACH	LASSEN	RIVERSIDE	USC
BERKELEY	MARIPOSA	SACRAMENTO	WINE
BEVERLY HILLS	MERCED	SAN BENITO	YOSEMITE
CALAVERAS	MODOC	SAN DIEGO	
CALTECH	MONTEREY	SAN JOAQUIN	
DISNEYLAND	MOUNT SHASTA	SAN JOSE	
FARMLAND	NAPA VALLEY	SANTA CLARA	
GOLD RUSH	OAKLAND	SANTA CRUZ	
GOLDEN BEAR	ORANGES	SIERRA NEVADA	
HOLLYWOOD	PACIFIC OCEAN	SILICON VALLEY	
HUMBOLDT	PALM SPRINGS	SONOMA	

Solution on page 158

Idaho

```
K E T C H U M I L N E R D A M T E A G W
M O S C O W J D P Y R T S E R O F T O G
E N A M P A U T E P R E P O T S E J O N
R E V I R E K A N S S C U W O H N C D E
V B S A W T O O T H Z T R H T G R P I Z
H E L L S C A N Y O N L E I A A O S N P
I D A H O F A L L S U J V T T M H U G E
W N H M D U R M P H T C I E O E T N T R
A A U K A R E Y R O W U R W P R P V W C
R I Q P S E V B I N M S R A E I M A I E
M D P O P V I O E E O T E T R C E L N T
L I L C R I R R S F U E T E U A K L F A
A R E A I R R A T A N R A R T N K E A T
K E W T N N A H L L T C W R L F R Y L S
E M I E G O E P A L A O R A U A I S L M
S E S L S M B E K S I U A F C L D K S E
I M T L O L C A E S N N E T I L U I O G
O B O O G A L K H G S T L I R S Z I K B
B G N I H S I F G F R Y C N G N I N I M
S D U P S Y E L L A V C I G A M Y G P P
```

AGRICULTURE
AMERICAN FALLS
BEAR RIVER
BOISE
BORAH PEAK
CLEARWA-
TER RIVER
CRATERS OF
THE MOON
CUSTER COUNTY
DIRK KEMP-
THORNE
ESTO PERPETUA

FISHING
FORESTRY
GEM STATE
GOODING
HELLS CANYON
IDAHO FALLS
KETCHUM
LEWISTON
MAGIC VALLEY
MERIDIAN
MILNER DAM
MINING
MOSCOW

MOUNTAINS
NAMPA
NEZ PERCE
POCATELLO
POTATO
PRIEST LAKE
SALMON RIVER
SAWTOOTH
SHOSHONE FALLS
SKIING
SNAKE RIVER
SODA SPRINGS
SPUDS

SUN VALLEY
TROUT
TWIN FALLS
WARM LAKE
WHITEWATER
RAFTING

Solution on page 158

Pennsylvania

```
C H E E S E S T E A K M E H E L H T E B
H E O U A S O N O C O P E H T H S I M A
O R N N E P M A I L L I W U S S T E E L
A S R H I T R E T C E P S N E L R A E C
G H E C N Y A S N O I L Y N A T T I N O
I E T D D J B T G V G N I D A E R C P A
E Y A E E T A T S E N O T S Y E K I H K
G P P T P L I N A R I P R Q E M Y T I R
R A E A E L A T P E E R B K W E H N L A
U R O T N E G W P D Z K A D L N G A A P
B K J S D B R N A B N L A L J O R L D R
S N L N E Y U O L R I R A U F T U T E E
I W A N N T B T A I E V T P Q N B A L E
R O N E C R S S C D H E R G Z A S E P M
R T C P E E Y A H G N U S V B R T L H A
A N A T H B T E I E S T P T A C T D I D
H E S H A I T H A S X N S G U S I D A L
N L T V L L E T I N O N N E M A P I F A
I L E U L L G A L L E G H E N Y R M A W
N A R P S Z D U T C H C O U N T R Y F U
```

ALCOA	EASTON	LEHIGH VALLEY	WALDA-
ALLEGHENY	GETTYSBURG	LIBERTY BELL	MEER PARK
ALLENTOWN	HARRISBURG	MENNONITE	WILLIAM PENN
AMISH	HEINZ	MIDDLE ATLANTIC	
APPALACHIA	HERSHEYPARK	NITTANY LIONS	
ARLEN SPECTER	HOAGIE	PENN STATE	
BETHLEHEM	INDEPEN-	PHILADELPHIA	
CHEESESTEAK	DENCE HALL	PITTSBURGH	
COVERED	JOE PATERNO	QUAKER STATE	
BRIDGES	KEYSTONE STATE	READING	
DELAWARE	KING OF PRUSSIA	SCRANTON	
ESTUARY	LAKE ERIE	THE POCONOS	
DUTCH COUNTRY	LANCASTER	US STEEL	

Solution on page 158

Arizona

```
N O S C U T X I N E O H P P K H U D G Y
E P M E T Y Z T R E S E D D E T N I A P
C S E D O N A H M F O U R C O R N E R S
L N T O U R I S M S C O T T S D A L E A
G L E N C A N Y O N C A R D I N A L S M
P L O W E L L O B S E R V A T O R Y R U
E P R F Q N M O N U M E N T V A L L E Y
T W C E Y A I X E R G R A A O L P O V A
R O R F P U F P E M E N Y M E S A N I N
I L A K E H A V A S U U I H S V Y D R A
F S T B M N I D E S G N C N L T S O O S
I N E V A R R R U C O E O V I O U N D A
E I R V A E V T O R D R F G V M A B A Z
D W A L V A C P E N T A E H E B E R R I
F J I O T A P G O O A R I D D S T I O C
O G O I C E T Y H P O R E X N T A D L O
R H O G R A N D C A N Y O N U O L G O T
E N S K C A B D N O M A I D S N P E C T
S A P A C H E T U R Q U O I S E M F H O
T S E W H T U O S F L A G S T A F F V N
```

ANASAZI	GERONIMO	METEOR CRATER	SOUTHWEST
APACHE	GILA RIVER	MINING	SUN DEVILS
ARID	GLEN CANYON	MONUMENT	TEMPE
CACTUS	GRAND CANYON	VALLEY	TOMBSTONE
CANYON DE	HEAT	NAVAJO	TOURISM
CHELLY	HOOVER DAM	PAINTED DESERT	TUCSON
CARDINALS	INDIAN RES-	PETRIFIED	TURQUOISE
COLORADO RIVER	ERVATIONS	FOREST	WINSLOW
COPPER	LAKE HAVASU	PHOENIX	XEROPHYTE
COTTON	LONDON BRIDGE	PLATEAUS	YUMA
DIAMONDBACKS	LOWELL OBSER-	PONDEROSA PINE	
FLAGSTAFF	VATORY	SCOTTSDALE	
FOUR CORNERS	MESA	SEDONA	

Solution on page 159

Texas

```
M P Z I P H P R E T S I W T O R N A D O
J M S H D A P E T R O C H E M I C A L O
U X N E N O T S E V L A G K W T V T J L
B R A Z O S K C O R D N U O R Y O E P O
S A C E H K P I N O M A L A C S D J A N
N N E Y E L P A S O C L F R Q U S A Z G
P G P D S A J A M E S B O W I E I N C H
A E H R O W B S L M Q C F D H C R O O O
N R O I R R V W I C K I M N B B R S W R
H S U B W E G R O E G M E A L P O N B N
A A S G O V S P T V N Q X L U S N H O A
N N T N L I A T N E W F I S E T K O Y N
D T O I L R N D L I O D C I B O C J S L
L A N K E R A O C R T H O E O C U N E Y
E A D C Y Q N A T A R S O R N K H O I V
S N A O P E T W S I E C U D N Y C D G A
T N L M S T O A S W D B F A E A G N G U
F A L T L R N T A E R W K P T R D Y A W
N A A E T W I C R I O G R A N D E L O Q
G R S H W W O B A R B E C U E S P K E J
```

AGGIES	DFW	NASA	TEJANO
ALAMO	EL PASO	OIL	TORNADO
AUSTIN	FORT WORTH	PADRE ISLAND	TWISTER
BARBECUE	GALVESTON	PANHANDLE	WACO
BLUEBONNET	GEORGE W BUSH	PECANS	YELLOW ROSE
BORDER TOWN	GULF OF MEXICO	PETROCHEMICAL	
BRAZOS	HOUSTON	RANGERS	
CATTLE	JAMES BOWIE	RIO GRANDE	
CHUCK NORRIS	LONE STAR	RIVER WALK	
CORPUS CHRISTI	LONGHORN	ROUND ROCK	
COWBOYS	LYNDON	SAN ANTONIO	
DALLAS	JOHNSON	SANTA ANNA	
DAVY CROCKETT	MOCKINGBIRD	STOCKYARDS	

Solution on page 159

Colorado

```
S I L V E R T O N A S E M D N A R G Y K
R E D L U O B C T R E B L E T N U O M N
I C D M C E N T E N N I A L S T A T E J
H W K I T C A R S O N M E S A V E R D E
N S N A V E T N U O M L O N G S P E A K
M E S G N I R P S T A O B M A E T S C Z
I N P K M S D O G E H T F O N E D R A G
L G B S S G B L A C K C A N Y O N E E W
E S N I A L P T A E R G S N O W P A C K
H M O N T R O S E T T U B D E T S E R C
I J X G R A N D J U N C T I O N S P O O
G U N N I S O N R I V E R E V N E D F R
H H G Z R O C K Y M O U N T A I N S R Y
C B O P E E H S N R O H G I B X M S I E
I R L I A V M S N I L L O C T R O F A N
T O D U S Y E L L A V S I U L N A S X M
Y N R S G N I R P S O D A R O L O C E I
E C U R P S E U L B O D A R O L O C X H
C O S L E A D V I L L E N I B M U L O C
Z S H P K A E P S E K I P A R A P A H O
```

AIR FORCE	COLORADO	GRAND MESA	ROCKY MOUN-
ACADEMY	SPRINGS	GREAT PLAINS	TAINS
ARAPAHO	COLUMBINE	GUNNISON RIVER	SAN LUIS VALLEY
ASPEN	CONTINEN-	KIT CARSON	SILVERTON
BIGHORN SHEEP	TAL DIVIDE	LEADVILLE	SNOWPACK
BLACK CANYON	CRESTED BUTTE	LONGS PEAK	STEAMBOAT
BOULDER	DENVER	MESA VERDE	SPRINGS
BRONCOS	FORT COLLINS	MILE HIGH CITY	VAIL
CENTEN-	GARDEN OF	MONTROSE	VALLEYS
NIAL STATE	THE GODS	MOUNT ELBERT	
CHIMNEY ROCK	GOLD RUSH	MOUNT EVANS	
COLORADO	GRAND JUNC-	PIKES PEAK	
BLUE SPRUCE	TION		

Solution on page 159

Florida

```
W E X V D L R O W Y E N S I D M I A M I
E E V B A P E C L U D L S R E H T N A P
T T B O Y N T O N B E A C H L H H W R D
L A U L T O A C A D L R O W A E S E E D
A N S O O T W O P W D E V A D M T C V D
N A C K N N R A L X D V P S R N A I I L
D M H J A E A B E O C A U L E S L U R S
S J G R B D E E S R L N J C D E L J T E
G G A O E A L A O A S A E Y U L A E N D
R U R T A R C C H C C A K A B H G I A
A L D A C B O H I K A E P E L A A N L L
P F E G H D I N S P U P M Y T G S A F G
E B N I I C E O S P H A A W R L S R O R
F R S L O S N Y I R D C T E O A E O R E
R E E L T V D O L P H I N S F R E N T V
U E A A I E N I L O R A C T R O F C M E
I Z T L N X J R E T N E C T O C P E Y O
T E L N S A R A S O T A N G E R I N E S
C E E L L I V S E N I A G O D N A L R O
N K E Y L A R G O V F L A M I N G O S K
```

ALLIGATOR	EPCOT CENTER	KENNEDY SPACE	TALLAHASSEE
APALACHICOLA	EVERGLADES	CENTER	TAMPA
BOYNTON BEACH	FLAMINGOS	KEY LARGO	TANGERINES
BRADENTON	FLINT RIVER	KEY WEST	WETLANDS
BUSCH GARDENS	FORT CAROLINE	MANATEE	
CAPE CANAVERAL	FORT LAU-	MIAMI	
CLEARWATER	DERDALE	NAPLES	
COCOA BEACH	FORT MYERS	ORANGE JUICE	
CORAL GABLES	GAINESVILLE	ORLANDO	
CROCODILE	GRAPEFRUIT	PANTHERS	
DAYTONA BEACH	GULF BREEZE	SARASOTA	
DISNEY WORLD	JACKSONVILLE	SEAWORLD	
DOLPHINS		SUNSHINE STATE	

Solution on page 159

Arkansas

```
W T O R P B E B E L L I V E T T E Y A F
A E R X N O T N I L C L L I B S G S I J
P X O H H S A C Y N N H O J A G D K H G
A A B M H A T I H C A U O H R N I C P R
U R S I O N S R Q U A M C E B I R A L A
Q K E S T M L R J L E R V R E R S B E P
Q A N S S E A K Y N U I O N S P Y R D E
K N O I P M R H A P R X I A D S E O A S
C A J S R O U Y A S H Z M N U A L Z K P
O P Q S I H T N I T A W O D L K W A R R
R P Q I N N A C I G A T Z O Z E O R A I
E L P P G I N M A L T C A D B R R H J N
L E L P S A S M T O B T R E X U C O V G
T B R I R T T O C H Z A K S M E Z P Q D
T L U F R N N B U F F A L O R I V E R A
I O T O U U V C O N W A Y T W I T T Y L
L S F O R O E S A B E N T O N V I L L E
F S M U A M U R F R E E S B O R O M C N
U O L E G N A A Y A M E G D I R A E P I
R M O C K I N G B I R D L U O G A R A P
```

APPLE BLOSSOM	HERNANDO	MOUNT MAG-	SPRINGDALE
ARKADELPHIA	DE SOTO	AZINE	ST FRANCIS RIVER
BENTONVILLE	HOPE	MOUNTAIN HOME	TEXARKANA
BILL CLINTON	HOT SPRINGS	MURFREESBORO	
BUFFALO RIVER	JOHNNY CASH	NATURAL STATE	
CONWAY TWITTY	JONESBORO	OUACHITA	
COTTON	LITTLE ROCK	OZARK	
CROWLEYS RIDGE	LOUISIANA	PARAGOULD	
EUREKA SPRINGS	PURCHASE	PEA RIDGE	
FAYETTEVILLE	MAYA ANGELOU	PINE	
FORT SMITH	MISSISSIPPI	QUAPAW	
GRAPES	MOCKINGBIRD	RAZORBACKS	
		SAM WALTON	

Solution on page 159

Utah

```
J A Z Z W B J O R D A N R I V E R M S S
D C R I R R I G A T I O N F S S I R K N
P V D C K Y U B G F M Q L A N P E R I O
I M E T H C T A J O A A L O R E A S B W
K Y Y R N E E O R P M T W O N P A L O B
D R E A O C S M D I F B M O L L G L N A
I B L C T A O N N L I O I A T P R A N S
N E L D H N Y G A R N P N L G A E F E I
O E A N G Y G T D T S O A N I R A L V N
S H V A I O S S O U I K U N B K T I I O
A I T H R N N R N T E O B T E C S E L Y
U V N G B H Y D A C Y O N R A I A V L N
R E E A A P A N I M W U E A R T L L E A
S S M T O N N T A B H P D T L Y T A W C
R T U I C O Y H R R P M G L A P L D O O
A A N E I A G I E O W F O A K J A I P V
G T O Z R I D E C H E R R I E S K R E O
U E M U R G D B L U E S P R U C E B K R
O L O B E G N A R H C T A S A W V E A P
C K R E T N E C A T L E D W A C O A L Z
```

ALTA	COAL	LAKE POWELL	SALT FLATS
ARCHES	COPPER	MOAB	SALT LAKE CITY
NATIONAL PARK	COUGARS	MONUMENT	SNOW BASIN
BEAR LAKE	DEER HUNT	VALLEY	SNOWBIRD
BEEHIVE STATE	DELTA CENTER	MORMON	SUNDANCE
BLUE SPRUCE	DINOSAURS	OGDEN	UTAHNS
BONNEVILLE	ELK	OURAY	UTES
BRIDAL VEIL	FLAMING GORGE	PARK CITY	WASATCH RANGE
FALLS	GREAT SALT LAKE	PIONEERS	ZION NATIONAL
BRIGHAM YOUNG	HANDCART	PROMON-	PARK
BRIGHTON	IRRIGATION	TORY POINT	
BRYCE CANYON	JAZZ	PROVO CANYON	
CHERRIES	JORDAN RIVER	RAINBOW BRIDGE	

Solution on page 159

Wyoming

```
U Y N A D I R E H S L L A F R E T A W O
B A M B W L Q F Z G H Y H U N T I N G B
C H E Y E N N E M S I R U O T K C G R N
N I S A B N R O H G I B S K I I N G I A
D Z L U F H T I A F D L O T R O U T Z T
R E V I R E H C R U O F E L L E B H Z U
A E E E J B I G H O R N S H E E P S L R
F L Q N E T T A L P H T R O N D K N Y A
J O C N O E G N A R R E V I R D N I W L
A H S O O H S L I E C O A L T H G A E G
C N R S Y T S Y W A P J N A S O R T K A
K O E I I O E O O M P V G R E T E N A S
A S S B T L T T H B O N B A R S A U L R
L K Y W K S B E D S W O A M O P T O Y A
O C E A L J V U M N J O S I F R P M N N
P A G I L L E T T E A M C E D I L Y N C
E J V T R U M P E T E R S W A N A K E H
Y E L L O W S T O N E Y G C C G I C J I
D W S R A E B L A C K H I L L S N O P N
G N I N I M R O C K S P R I N G S R C G
```

BEARS	FOREST	JENNY LAKE	SKIING
BELLE FOUR-	FOSSIL BUTTE	LARAMIE	TOURISM
CHE RIVER	GEYSERS	MINING	TROUT
BIGHORN BASIN	GILLETTE	MOOSE	TRUMPETER
BIGHORN SHEEP	GRAND TETON	NATURAL GAS	SWAN
BISON	GREAT PLAINS	NORTH PLATTE	WATERFALLS
BLACK HILLS	GRIZZLY	OLD FAITHFUL	WIND RIVER
CHEYENNE	HOT SPRINGS	RANCHING	RANGE
COAL	HUNTING	ROCK SPRINGS	YELLOWSTONE
COWBOYS	INDIAN PAINT-	ROCKY MOUN-	
COYOTE	BRUSH	TAINS	
DEVILS TOWER	JACKALOPE	SHERIDAN	
ELK	JACKSON HOLE	SHOSHONE	

Solution on page 160

State Nicknames

```
B Y B O U U H Q O L H R A T S H T R O N
R T J Y E P E A C E G A R D E N P C Z P
E M P I R E M M A H W O L L E Y I O E E
H G R E A T L A K E S B H M E N N R Q A
E A G R A N I T E R R S T M E O E N V C
Y G I F A L O H A O D N W C Y I T H U H
E R S L P O U F L M A O L O T N R U N A
K E R W O C G D Q H H A N N Y I E S I W
C E W E O N L O C S R I O S S M E K H K
U N Y W V I G N E U O R T T U O E E N E
B M B S N L E A T R F E T I N D C R Y Y
T O E E T F I A M T A I E T S D E N R E
Y U V G O O N S S N F S M U H L N A E V
F N L D L D N A H U B O L T I O T C E I
Y T N Y E N L E U O Q O A I N S E I T H
Y A C B E A V E R M H H P O E I N L N E
L I B F H L G R A N D C A N Y O N E U E
A N E E R G R E V E S O O N E R I P L B
D N O M A I D S U N F L O W E R A B O I
S M K Y T R E A S U R E G D A B L W V X
```

ALOHA	GEM	LAST FRONTIER	PINE TREE
BADGER	GRAND CANYON	LONE STAR	SHOW ME
BAY	GRANITE	MAGNOLIA	SILVER
BEAVER	GREAT LAKES	MOUNT RUSH-	SOONER
BEEHIVE	GREEN MOUN-	MORE	SUNFLOWER
BUCKEYE	TAIN	NATURAL	SUNSHINE
CENTENNIAL	HAWKEYE	NORTH STAR	TAR HEEL
CONSTITUTION	HOOSIER	OLD DOMINION	TREASURE
CORNHUSKER	KEYSTONE	OLD LINE	VOLUNTEER
COWBOY	LAND OF	PALMETTO	YELLOWHAMMER
DIAMOND	ENCHANTMENT	PEACE GARDEN	
EMPIRE	LAND OF LIN-	PEACH	
EVERGREEN	COLN	PELICAN	

Solution on page 160

All-American Landmarks

```
R O B R A H L R A E P E N T A G O N T A
B E R O M H S U R T N U O M L Z K O S W
A S T L O U I S A R C H R C N F H Q E R
D U B N I A G A R A F A L L S P R H R I
L O O M E G D I R B E T A G N E D L O G
A H U X Q C R A T E R L A K E O Z L F L
N E L A S V E G A S S T R I P W K I D E
D T D U V W F C L U F H T I A F D L O Y
S I E D F S E K A L T A E R G E H T O F
H H R E V I R I P P I S S I S S I M W I
O W D A M U I D A T S E E K N A Y N D E
O A A T D B R O O K L Y N B R I D G E L
V L M H R I N O Y N A C D N A R G Q R D
E C U V E L I N C O L N M E M O R I A L
R A W A S H I N G T O N M O N U M E N T
D T Q L I B E R T Y B E L L V N A I O W
A R S L N S E K A L T L A S T A E R G P
M A D E E L U O C F I N G E R L A K E S
A Z R Y E L L O W S T O N E S K R A Z O
L A K E M E A D I S N E Y L A N D J X N
```

ALCATRAZ	GREAT SALT LAKE	OLD FAITHFUL	YELLOWSTONE
BADLANDS	HOOVER DAM	OZARKS	
BOULDER DAM	KENNEDY SPACE	PEARL HARBOR	
BROOKLYN ,	CENTER	PENTAGON	
BRIDGE	LAKE MEAD	REDWOOD	
COULEE DAM	LAS VEGAS STRIP	FOREST	
CRATER LAKE	LIBERTY BELL	ST LOUIS ARCH	
DEATH VALLEY	LINCOLN	THE GREAT LAKES	
DISNEYLAND	MEMORIAL	WASHINGTON	
FINGER LAKES	MISSISSIPPI RIVER	MONUMENT	
GOLDEN GATE	MOUNT RUSH-	WHITE HOUSE	
BRIDGE	MORE	WRIGLEY FIELD	
GRAND CANYON	NIAGARA FALLS	YANKEE STADIUM	

Solution on page 160

Frank Lloyd Wright Works

```
I E S U O H Y E L L I W M L O C L A M Z
B M S C B L U E S K Y M A U S O L E U M
R A P U H A K R C A H H I O E O O E I W
Q H R E O I R R O A M L E Z N N U S R A
E C C N R H L T A B W A D U N L I U O L
S S R E S I S D O U I J R Z I E S O T L
U E U Y E D A E O N S E T A S Y P H I E
O S S O S B A L G F H H H J H H E Y D R
H U R U H T N L H R T O O O O O N E U A
E O D E O S A O L O U H U U U U F L A P
L H A R W H A L S A T T E S S I N E A
A Y E B F O H M H M R E S S E E E R G R
G A R T O D T C O E I T L E U P L A A T
R M P A U Q M E A H I R P E G N D H M M
E R S L N P E P C B T G C A X R H C M E
T E G I T R O S R I L K H E R A O S A N
L Y N E A H U A C L R I N T H K U E G T
A E I S I R U T M S G P M A S T S M G S
W M W I N S L O W H O U S E R A E A P Z
B C I N I L C R E D N E B S A F H J F U
```

BARNSDALL
ART PARK
BARTON HOUSE
BLUE SKY MAU-
SOLEUM
CHILD OF
THE SUN
COONLEY HOUSE
CRYSTAL HEIGHTS
EMIL BACH
HOUSE
ENNIS HOUSE

FASBENDER
CLINIC
FRANK THOMAS
HOUSE
GAMMAGE
AUDITORIUM
GEORGE STUR-
GES HOUSE
HORSE SHOW
FOUNTAIN
IMPERIAL HOTEL
JAMES CHARN-
LEY HOUSE

KRAUS HOUSE
LOUIS PEN-
FIELD HOUSE
MALCOLM WIL-
LEY HOUSE
MEYER MAY
HOUSE
PRICE TOWER
ROBIE HOUSE
SAMARA
TALIESIN
THE CRIM-
SON BEECH

WALLER APART-
MENTS
WALTER GALE
HOUSE
WINGSPREAD
WINSLOW HOUSE

Solution on page 160

Grand Canyon

```
P E A H C L O O K O U T S T U D I O O M
Y A R I Z O N A H K O L B S T U D I O I
Q N M K G F L E L P O E P O L B E U P R
G N I I L E T O H R A V O T L E K Q S H
X O G N N X X J R S L E N N A H C W L T
M I N G A P P K S A X S R K X M O G I U
I S I C T E H A D F D O I R I S R E A O
R O K O I D O I N O Y O A A Z I Y O R S
H R C L V I T B U R A R P P A R R L T E
T E A O E T O A O M W E A L S U A O S I
R G P R A I G B R A L R L A A O T G I R
O R K A M O R P G T I O A N N T N I H A
N O C D E N A L P I A D U O A X E C C T
G G A O R S P A M O R O H I K A M A S U
T K B R I G H T A N G E L T R A I L U B
U T O I C I Y E C S N H X A V L D A N I
P J P V A A T A R T S T J N R A E Y H R
Q Q N E N E P U P H O P I H O U S E S T
A O B R S K C O R C I N A C L O V R I D
U P L I F T R K L A W Y K S P L P S V T
```

ANASAZI	FORMATIONS	NORTH RIM	TRAILS
ARIZONA	GEOLOGICAL	ONGTUPQA	TRIBUTARIES
BACKPACKING	GORGE	PHOTOGRAPHY	UPLIFT
BRIGHT ANGEL	HIKING	PUEBLO PEOPLE	VISHNU SCHIST
TRAIL	HOPI HOUSE	RAILWAY	VOLCANIC ROCKS
CAMPGROUNDS	HUALAPAI	SEDIMEN-	
CHANNELS	KAIBAB PLATEAU	TARY ROCK	
COLORADO	KOLB STUDIO	SKYWALK	
PLATEAU	LAYERS	SOUTH RIM	
COLORADO RIVER	LOOKOUT STUDIO	STRATA	
EL TOVAR HOTEL	NATIONAL PARK	THEODORE	
EROSION	NATIVE AMERI-	ROOSEVELT	
EXPEDITIONS	CANS	TOURISM	

Solution on page 160

Tall Buildings

```
N E C A L P N A I D A N A C T S R I F J
Z R P L C O L U M B I A C E N T E R P O
R E B F A W N R O S E T O W E R W M E H
E W E A Z Z R E W O T S R A E S O G T N
W O R I N K A E L I S E F W X R T E R H
O T T S C K O L T I T U O G G S M B O A
T D N A B A O B P N B T V A T I I U N N
E L E L B U W F E O E E N C R H Z I A C
C R C I O A R C C K G C R A P R A L S O
N O M Y Q U N J O H H R T T L C K D T C
A W O A H O B Y A A I E A S Y Q L I O K
S P D H A N I C S L S N F F A P A N W C
S M G C B A Z E E C A N A A S C L G E E
I U N E B G T C R N F R M T Y L M A R N
A R I N A O I O E E T E A N O B L O C T
N T K T W K W B I G Z R N B F W E E C E
E C H E U N G K O N G C E N T R E Z W R
R N R R G N I D L I U B R E L S Y R H C
R I G N I D L I U B P M U R T E H T U Q
S R X C E C A L P R E W O T R E T A W Q
```

AL FAISALI-YAH CENTER
AL KAZIM TOWER
AON CENTER
BAIYOKE TOWER
BANK OF CHINA TOWER
BURJ AL ARAB
CHEUNG KONG CENTRE
CHRYSLER BUILDING
COLUMBIA CENTER
COMCAST CENTER
EMIRATES CROWN
FIRST CANA-DIAN PLACE
GE BUILDING
JOHN HAN-COCK CENTER
JP MORGAN CHASE TOWER
KINGDOM CENTRE
ONE LIB-ERTY PLACE
OUB CENTRE
PETRONAS TOWER
RENAISSANCE TOWER
ROSE TOWER
SEARS TOWER
THE TRUMP BUILDING
TRUMP WORLD TOWER
WATER TOWER PLACE
WELLS FARGO PLAZA

Solution on page 160

Stadiums

```
M K I N N I C K S T A D I U M U M H S I
C C S U N D E V I L S T A D I U M C I O
E S O D L E I F T O R U A F I K A L N Y
M U M M A U F G Y U G S D D N M M R D E
E N U U M M N B D I O L A E P M U M E N
M B I I B O O Y Y S E T Y R U I I U P O
O O D D E J N E I I S L A I C N D I E T
R W A A A Q L W F A A N D M R U A D N R
I L T T U L K Z E N D A L U L T T A D E
A S S S F G N H D A T G K I W E S T E D
L T H O I I S S L S L R R D O M N S N A
C A C I E S T L D U A T N A B A I N C M
O D S H L A S D R P A A H T N I H A E E
L I U O D T O O R E F A O S O D P G S S
I U B I A D S E N R Y N Z L T P L I T T
S M U D Y E L M C D D G Y E T A O H A A
E M I B B L K K E O X J D G O R D C D D
U U B O I M R Z Z M S S Q N C K G I I I
M O W M K D O D G E R S T A D I U M U U
B L O R A N G E B O W L S T A D I U M M
```

ANGEL STADIUM
BOBBY DODD STADIUM
BUSCH STADIUM
CAMP RAN-DALL STADIUM
COMMONWEALTH STADIUM
COTTON BOWL
DODGER STA-DIUM
DOLPHIN STA-DIUM

FAUROT FIELD
HEINZ FIELD
INDEPENDENCE STADIUM
KINNICK STADIUM
LAMBEAU FIELD
LOUISIANA SUPERDOME
MEMORIAL COLISEUM
MICHIGAN STADIUM
MILLER PARK

MINUTE MAID PARK
NEYLAND STADIUM
NOTRE DAME STADIUM
OHIO STADIUM
ORANGE BOWL STADIUM
ROSE BOWL
SHEA STADIUM
SUN BOWL STADIUM

SUN DEVIL STADIUM

Solution on page 161

Pearl Harbor

```
Q F R A N K L I N D R O O S E V E L T A
B T I I R A W D L R O W F U R C H J L M
R Y R V R I S O R O K U Y A M A M O T O
W X I E O S Z E B H H R S K C O D L T H
J I Z A Y L D O I B O E N G S Q H V E A
R R H J I O M K N S T J A P A N D B E L
F U M Y Z B R S B A T T L E S H I P L K
B O D B I Q U T T T M A A D I H C U F O
U S A N P R N S S U N E R E S I U R C B
H S G D P A D D L E I F M A K C I H I A
E I U R U E C U S B D S H O K A K U F S
O M I B T U L T F H N M H E R X S Z I N
D S G I M O O M U G A N I H C I U H C B
E S N A N A A S H G V X I L I G A K A C
P U H O D R R H A W A I I A I G A L P W
R R H A Y E U I S N L K K S J T G L R S
O O V L B D R A N C B V S I N F A M Y I
T E A M V O Y J J E A N C H O R K R Q E
N N O P W C U M H I S H I P Y A R D Y I
D B L W X D T R O P E M O H I U E T W L
```

AKAGI	DOCKS	MARYLAND	SURPRISE
ANCHOR	FRANKLIN D	MILITARY	TORPEDO
ARIZONA	ROOSEVELT	NAVAL BASE	UNITED STATES
MEMORIAL	FUCHIDA	NEVADA	USS MISSOURI
AXIS	HAWAII	OAHU	WORLD WAR II
BATTLESHIP	HICKAM FIELD	OKLAHOMA	
BOMBERS	HOME PORT	PACIFIC FLEET	
BOMBING	HONOLULU	PLANES	
CHUICHI	INFAMY	SHAW	
NAGUMO	ISOROKU	SHIPYARD	
CODE	YAMAMOTO	SHOKAKU	
CRUISER	JAPAN	SORYU	
DESTROYER	KAGA	SUBMARINES	

Solution on page 161

Statues

```
N M R K A N N O N I N A S H I B E T S U
N A E V I A D N E S F O N O N N A K L C
Y L M C R I S T O B L A N C O R R B E R
K A E W R Y O Z E N E E R I E A A U S A
A G E X E I R I X H E I S L Z S C D H N
N E D N N N S S L X S A L O U H O D A A
N N E I A H E T Y T H I E J R R D H N B
O U R H M H Q H O E R H P I E U L A G A
N R E P U I P R T D T O S T B B O O I H
I U H S N K E M N F E T O N T J R F A A
N K T T A I D E O B O L A V P S D B N L
T N T A H F D T N F E H A A H D S A T F
A I S E C L S I V D S T T S T Q H O B O
Z A I R O I A U O G I O B R N V I J U T
A H R G R H N T N G R E H U I O V U D S
W D H H D G S A M O R E L O S B A E D I
A D C D T I U G N U S L I M I K X S H R
K U U A R G U A N Y I N O F S A N Y A H
O B U C O A E T A R A M F O T S I R H C
S X T F Y T R E B I L F O E U T A T S H
```

BIRTH OF THE NEW MAN

BUDDHA IN BEOPJUSA

BUDDHA IN KURUNEGALA

BUDDHA OF BAO JUE

CHRIST OF LA HABANA

CHRIST OF MARATEA

CHRIST OF THE OZARKS

CHRIST OF VUNG TAU

CHRIST THE REDEEMER

CRISTO BLANCO

CRISTO DE LAS NOAS

CRISTO DEL OTERO

CRISTO REI

FO GUANG SHAN BUDDHA

GOLDEN DRILLER

GREAT SPHINX

GUAN YIN OF SANYA

HANUMAN

KANNON IN ASHIBETSU

KANNON IN TAZAWAKO

KANNON OF SENDAI

KIM IL SUNG

LESHAN GIANT BUDDHA

LORD SHIVA

MORELOS

RYOZEN

STATUE OF LIBERTY

Solution on page 161

World Heritage Sites in Africa

```
I C H K E U L A K R A B L E B E G U H D
S N I U R I M A H K G X Y C G E T C J A
R O B B E N I S L A N D S A E K L A M S
U O K A M M A T U O K I H M U I F K E A
L A M U O L D T O W N T O B F A O L D P
K V I R U N G A G U R D M F U N O A I I
N A U O R I A K T A T I O N D U M Z N T
D A G M I T V F C R T F A O S U X I A L
J Q H V T R O F O O B L A G S G X G O L
M E D I N A O F M A R R A K E S H F F O
K U Y O N E E B N E O M A O L I D O S T
A A X I T D O D S C E A G N O L A S O A
N A D I E F I E K R A B M A R A G D U A
E E S R A A R A E S E R E N G E T I S R
M S V S G V R S L L I H O B O T A M S B
U U K A E T E B S O N G O M N A R A E A
B I R N K R A P G R E B S N E K A R D D
A A W V V K I L I M A N J A R O K Y P L
G P Y E H X B T A H G I S A V A R P A A
K S R K I L W A K I S I W A N I P A K O
```

AAPRAVASI GHAT	KAIROUAN	MEDINA OF TUNIS	TIMGAD
ABU MENA	KHAMI RUINS	OKAPI	TIPASA
AKSUM	KILIMANJARO	PYRAMIDS	TIYA
ALDABRA ATOLL	KILWA KISIWANI	OF GIZA	TOMB OF ASKIA
CLIFF OF BAN-	KONDOA	ROBBEN ISLAND	TSODILO
DIAGARA	ROCK ART	SALONGA	VIRUNGA
DJA FAUNAL	KOUTAMMAKOU	SELOUS GAME	VREDEFORT
RESERVE	LAMU OLD TOWN	RESERVE	DOME
DRAKENS-	MATOBO HILLS	SERENGETI	
BERG PARK	MEDINA OF	SITE OF CAR-	
GARAMBA	MARRAKESH	THAGE	
GEBEL BARKAL	MEDINA OF	SONGO MNARA	
ICHKEUL	SOUSSE	TIMBUKTU	

Solution on page 161

World Heritage Sites in Asia

```
P E K J S F K Q W R O D N A K R A M A S
M Y O Y E A R E R O H A L T R O F I E B
Q E N R V T A K A B K Z Y D I F T P L M
O L A A A E P D Y I K U A I H C T T T O
L L R U C H L A I S O R B B H H H E S T
D A K T A P A M R O N O G A Q C E M A Y
C V S C R U N A I T G C N Z S M T P C T
I U U N O R O S G U F K O M E O A L I S
T D N A L S I C I N A C L O V U J E J A
Y N T S L I T U S L M A A U A N M O E N
O A E N E K A S A P I R H N C T A F M Y
F M M O L R N I A A L V E T O E H H I D
A H P S B I N S N S Y I S W A M A E H G
C T L Y R K A X G S M N T U G E L A Y N
R A E M H R H P K U A G Y Y O I I V I I
E K G I G Z S C O R N S R I M U T E N M
B X V A E T U O R E S N E C N I U N X T
Y A D W A L L E D C I T Y O F B A K U K
S A G N A I J I L F O N W O T D L O T Y
E E B L I A R T E S N E C N I K N A R F
```

ANGKOR	INCENSE ROUTE	MING DYNASTY	SIGIRIYA
ASSUR	ITCHAN KALA	TOMBS	TEMPLE OF
BISOTUN	IN KHIVA	MOGAO CAVES	HEAVEN
DAMASCUS	JEJU VOLCA-	MOUNT EMEI	THE TAJ MAHAL
DAZU ROCK	NIC ISLAND	MOUNT WUYI	TYRE
CARVINGS	KATHMANDU	MY SON SANC-	WALLED CITY
ELLORA CAVES	VALLEY	TUARY	OF BAKU
FATEHPUR SIKRI	KONARK SUN	OLD CITY	YIN XU
FORT LAHORE	TEMPLE	OF ACRE	ZABID
FRANKIN-	KONG FAM-	OLD TOWN	
CENSE TRAIL	ILY MANSION	OF LIJIANG	
HA LONG BAY	LUSHAN	PASARGADAE	
HIMEJI CASTLE	NATIONAL PARK	SAMARKAND	

Solution on page 161

World Heritage Sites in Europe

```
B D H L D U B R O V N I K W I E F L I S
C R E A N R A B E R S D B A S T L A F E
O O L L O L L R F T Y I O R A N E R M N
L J S C F A T I E U M M Y T S O M D I O
O F I T P R A H R Z Z U A B S M I E R T
G E N T I D M G I Y I D N U I L S H C S
N C G S N E I M A F O L A R D E H T A C
E I O O M H R R T B N A C G I D B A S I
C T R G A T A A L J E N H C M L E C T N
A A K O D A C B A I W A U A A E G S L U
T S R P A C A R S M L C R S T T U E E R
H S O I R E V Y O E A O C T E S I R C G
E I N H A D E G H T N L H L R A N T O N
D L B Z R L T G P E A D F E A C A R M I
R U O I I I O E A O R T Q I N Q G A P L
A L R K D K D N P R K I G M T P E H L L
L I G T E S O H T A T N U O M A S C E E
L O I G R O I G N A S E T N O M N Z X J
N D K S T R U V E G E O D E T I C A R C
K O L A R D E H T A C S E G R U O B S P
```

ALTAMIRA CAVE
BOURGES CATHEDRAL
BOYANA CHURCH
BRYGGEN
CANAL DU MIDI
CASTEL DEL MONTE
CATHEDRAL OF AMIENS
CHARTRES CATHEDRAL

COLOGNE CATHEDRAL
COSTIERA AMALFITANA
DUBROVNIK
FLEMISH BEGUI-NAGES
HELSINGOR KRONBORG
I SASSI DI MATERA
ILULISSAT ICE-FJORD

JELLING RUNIC STONES
KIZHI POGOST
MADARA RIDER
METEORA
MIR CASTLE COMPLEX
MONTE SAN GIORGIO
MOUNT ATHOS
NEW LANARK
OHRID
PAPHOS

ROSKILDE CATHEDRAL
SALTAIRE
SREBARNA
STRUVE GEO-DETIC ARC
WARTBURG CASTLE

Solution on page 161

World Heritage Sites in the Americas

```
C I T Y O F Q U I T O T A U J A N A U G
A N A V A H D L O P E N A H A N N I H J
R R C C K S A N T I A G O D E C U B A S
L E V A C H T O M M A M S R E I M A R E
S E R A I C A L G S O L E M I N V J B D
B M E H C E P M A C B T W K R R H J M A
A S C H A V I N Y R I D E A U C A N A L
D M A N U N A T I O N A L P A R K P G G
C D E N R O M S O R G L L A K I T U A R
A N T I G U A G U A T E M A L A H E V E
V F S K Z T S M Q U I R I G U A U B E V
E J U I N D E P E N D E N C E H A L L E
R G C D P N D S C A N A I M A R S O A D
N G R U B N E N U L S A N G A Y C D N R
S D E S O I T A K S O L G E V T A E D E
A B I O C O R O A N D I T S P O R T S V
C W J R N S E L U Z S N O T I P A A C A
U V I M I G U A S H A W W G P G N O A S
V C I T Y O F C U S C O N W U F D S P E
L U M K A L A C H A C O C U L T U R E M
```

AGAVE LAND-SCAPE	COIBA	LUNENBURG	SANGAY
ANTIGUA GUA-TEMALA	CORO AND ITS PORT	MAMMOTH CAVE	SANTIAGO DE CUBA
CALAKMUL	EVERGLADES	MANU NATIONAL PARK	SEWELL MIN-ING TOWN
CAMPECHE	FUERTE DE SAMAIPATA	MESA VERDE	SUCRE
CANAIMA	GROS MORNE	MIGUASHA	TIKAL
CARLSBAD	GUANAJUATO	NAHANNI	
CAVERNS	HUASCARAN	OLD HAVANA	
CHACO CULTURE	INDEPEN-DENCE HALL	PITONS	
CHAVIN	LOS GLACIARES	PUEBLO DE TAOS	
CITY OF CUSCO	LOS KATIOS	QUIRIGUA	
CITY OF QUITO		RAMIERS	
		RIDEAU CANAL	

Solution on page 162

Statue of Liberty

```
A C C F N K S H E V J D J F F G F F P S
X G S Q L O T C B B R D R C P S D E E Y
M L E T U A I V U A O E W H C E A M D M
E S T N W C M T P L E R S U S G N A E B
L I A I L C X E A D P I T I F A I L S O
O X T O A I D T O D N T A F E Y M E T L
V F S P I H G M K E N R U B R O B L A S
Y R D N N U C H E R P U R R N V U L L Y
V Q E E N D R R T U O O O U E N S I A U
J N T V E D G W M E K Y M F U A B S D X
A V I E T L H R O E N E W N M E M I Y I
I M N S N E A A N I N M J E R C A S L I
T Q U Z E D S S K T T E E T N O N L I M
O L A H C M H Q L I B V Y N M X H A B A
U C S T N A R G I M M I A Q T U A N E W
R O Z A C S K C K W S G H C R O T D R E
I P K K B S H T E L B A T E N O T S T Q
S P L K W E S Y A R D E K I P S A O Y K
T E P I H S D N E I R F E F R A N C E G
S R N O C I D L O H T R A B B F J W O I
```

ARM UPRAISED	FREEDOM	MONUMENT	UNITED STATES
BARTHOLDI	FRIENDSHIP	NEW YORK	
BROKEN	GIVE ME YOUR	NIMBUS	
SHACKLES	TIRED	OCEAN VOYAGES	
CENTENNIAL	GREENISH	PEDESTAL	
COPPER	HALO	ROBE	
DRAPED	HUDDLED	SCULPTURE	
ELLIS ISLAND	MASSES	SEVEN POINT	
ENLIGHTENMENT	ICON	SPIKED RAYS	
FEMALE	IMMIGRANTS	STONE TABLET	
FLAME	LADY LIBERTY	SYMBOL	
FOUNDATION	LIBERTY ISLAND	TORCH	
FRANCE	MANHATTAN	TOURISTS	

Solution on page 162

Asian Countries

```
U B P A K I S T A N T N R S N V J S M G
B H G S J G K I A B O S A E U M Y O J C
U U B E E U K T V R K J M P A R M A J E
Z T Y T W N S X T U X E N L I M P L K I
B A U A G I I H J N Y D A A F A A Y V Z
E N I R K P K P A E R Y Y H N R R D C X
K T G I K O E M P I S O M I M G N T L P
I A J M R M O B S I U I S E Y K A W E V
S A D E T N E A A O L A N Z N N N N B O
T I A B S A V N T B U I S G V A I A A N
A S V A N T W G I D A T H I T D H T N P
N E O R A S A L I S A I H P I R C S O Y
E N D A J I M A N N T R A K A O S H N S
P O L D I N R D U H V A K I O J V K A E
A D O E A A U E H K I Q N X I R I A W W
L N M T B H B S Q S R Q A T A R E Z I D
I I A I R G I H R D N A L I A H T A A D
Z P A N E F C A M B O D I A B A N K T L
C J E U Z A E S P E M L R N X K A D X F
G N Z M A L D I V E S X S K E V M Q B V
```

AFGHANISTAN	ISRAEL	NORTH KOREA	UKRAINE
ARMENIA	JAPAN	OMAN	UNITED ARAB
AZERBAIJAN	JORDAN	PAKISTAN	EMIRATES
BAHRAIN	KAZAKHSTAN	PHILIPPINES	UZBEKISTAN
BANGLADESH	KUWAIT	QATAR	VIETNAM
BHUTAN	KYRGYZSTAN	SAUDI ARABIA	YEMEN
BRUNEI	LAOS	SOUTH KOREA	
BURMA	LEBANON	SRI LANKA	
CAMBODIA	MALAYSIA	SYRIA	
CHINA	MALDIVES	TAIWAN	
CYPRUS	MOLDOVA	TAJIKISTAN	
INDONESIA	MYANMAR	THAILAND	
IRAQ	NEPAL	TURKMENISTAN	

Solution on page 162

European Countries

```
M Z O C A N O M E M S N N S P V J J V H
O W T O R Q R J K Q W U H D O G T G G D
A V O D L O M R Y T M S R N Y E K R U T
I G A A I R A G L U B T S A L D E U R P
N O Q B Z M L T M F I C W L L E Y O M O
A R H O N E Q N I W Q P I R C E T B U L
M U T E J H R D N A X O T E H V B M I A
O S D E P U U B B K H R Z H U B Y E G N
R S L O V A K I A E U T E T B K C X L D
N I A P S J K Z V I N U R E X H H U E U
H A Z A L B A N I A J G L N T I Q L B L
G M M P U K R A I N E A A E S T O N I A
E A V T H V L B V Z V L N H Q H J P U I
R L V S A I N E V O L S D T T W I S D R
M T T Y O R G E N E T N O M M L T N O E
A A S K H V M A C E D O N I A R A F K L
N A R R O D N A I N A U H T I L L Q V A
Y E R F Y H U N G A R Y V A N D Y J H N
S V N E D E W S E R B I A I C E L A N D
I U Q V H E N O R W A Y F R A N C E U R
```

ALBANIA	GREECE	MONACO	THE NETH-
ANDORRA	HUNGARY	MONTENEGRO	ERLANDS
AUSTRIA	ICELAND	NORWAY	TURKEY
AZERBAIJAN	IRELAND	POLAND	UKRAINE
BELARUS	ITALY	PORTUGAL	
BELGIUM	KAZAKHSTAN	ROMANIA	
BULGARIA	LATVIA	RUSSIA	
CROATIA	LIECHTENSTEIN	SERBIA	
DENMARK	LITHUANIA	SLOVAKIA	
ESTONIA	LUXEMBOURG	SLOVENIA	
FINLAND	MACEDONIA	SPAIN	
FRANCE	MALTA	SWEDEN	
GERMANY	MOLDOVA	SWITZERLAND	

Solution on page 162

African Countries

```
V A I S I N U T M Z A I B M A Z Z A E C
K B I W O N G F L O W V M I U I A I Z A
U W R N O D U G A N D A L G M N D R K B
M H M P A H L X S G D A Z B A N N E V N
N O A Y S Z T O E A M O A W U A W G K T
I G R D Q I N O G O G B S R R A Y I C S
M N S O N R E A S O W T U N I R X N T K
A O N O C A S R T E O B V A T T S O E L
L C W O U C W I R B L J J M A H W B O K
A E Q U A T O R I A L G U I N E A A R K
W L V R B Y H I C V L M Z B I G Z G U P
I N O O R E M A C G O E R I A A I H I W
U A L G L R P A F Z E R O A N M L A G T
L N I S N E Y A A R M R Y N Y B A R C T
A L B P V A G M I R I I I C E I N G P S
G S E E O H B J V K Q C G T O A D Y D D
E U R U A I A L G E R I A B R A G A Z N
N D I N Q R H S E L L E H C Y E S Q H X
E A A U Q I D T P K F I L I B Y A T M C
S N E T H X Y P E B V U R G M V H W C M
```

ALGERIA	GABON	NIGERIA	UGANDA
ANGOLA	GHANA	RWANDA	ZAMBIA
BOTSWANA	IVORY COAST	SENEGAL	ZIMBABWE
BURUNDI	KENYA	SEYCHELLES	
CAMEROON	LESOTHO	SIERRA LEONE	
CAPE VERDE	LIBERIA	SOMALIA	
CHAD	LIBYA	SOUTH AFRICA	
CONGO	MADAGASCAR	SUDAN	
EGYPT	MALAWI	SWAZILAND	
EQUATORIAL	MAURITANIA	TANZANIA	
GUINEA	MOROCCO	THE GAMBIA	
ERITREA	MOZAMBIQUE	TOGO	
ETHIOPIA	NAMIBIA	TUNISIA	

Solution on page 162

Languages in Foreign Countries

```
I R D B M P H R E C T X I S L Z S P G N
F F U Q G O L A G A T O R O M O C H G L
V R U Z J R C I K X G E R M A N M S B M
S R Z H Y T U I F K S N A I L A T I D Z
I C S S D U J C B P A P O U L U O D J U
N N N I E G Y H R A J U A A V B D R T T
H A D L S U U U A U R U G N M E D U A G
A I G O E E Z N T U S A L N I C C K J W
L N O P N S T G H A S S A M E S E E K J
E I G D O E Y A R Y M A I D X O H S X O
S A A J T I S R M A J A V A N E S E K C
E R T U N T V I L I T A Z A N M H M P D
N K I C A A O A A E L H E I A A O R W R
A U H B C R Y N L N U R O R G M N U A D
P R R A A A I U Y A O S A U R H A B T T
A Z K D L J G D N K C T L P E A T Y Y K
J C H A U U N G N M H Q F J E R T F L W
P T M L L G F U I I M U B O K I R U O H
G A E O T H S A P N H H I H G C E L H O
X W R T O M I J Y E G X N B E N G A L I
```

AMHARIC	HAUSA	MARATHI	TAMIL
ARABIC	HINDI	MIN	TELUGU
ASSAMESE	HUNGARIAN	OROMO	UKRAINIAN
BENGALI	INDONESIAN	PASHTO	URDU
BHOJPURI	ITALIAN	POLISH	ZHUANG
BURMESE	JAPANESE	PORTUGUESE	
CANTONESE	JAVANESE	PUNJABI	
CEBUANO	KHMER	RUSSIAN	
FULA	KOREAN	SHONA	
GERMAN	KURDISH	SINHALESE	
GREEK	LAO	SPANISH	
GUJARATI	MALAGASY	TAGALOG	
HAKKA	MALAYALAM	TAMAZIGHT	

Solution on page 162

Mexico

```
P E M E X E N A L T A Z A M O C A T S T
A C A X A O C S A B A T A L B E U P N E
A P A T X I G N I T H G I F L L U B A Q
T T X I Z G U A D A L A J A R A V P Y U
F E D E R A L R E P U B L I C T E A A I
V N C E E O A L O S C A B O S I R N M L
M O O R C S T Z S A N T A A N N A C E A
K C P Y N S A C U L N A S O B A C H S D
A H P O A R I N I R A N E E S M R O O A
D T E C C M M E C V C L A B U E U V A L
N I R O F I E O R A E A L T B R Z I M I
E T C C O L X D N R R P N I A I N L E H
I L A X C A I E O T A L U I D C R L R C
C A N E I C C H M C E M O L L A U A I N
A N Y T P I O E S F N R A S A A S Y C E
H A O E O X C C T I O I R D C D S E A F
M U N K R E I B E O N F C E R E A Y U V
I J M A T M T O S E P A L H Y E T U E Q
U I C L C E Y Y Z A C A P U L C O Z G F
V T C H A R R E A D A C Z S G L A P A Z
```

ACAPULCO	GUADALUPE	MEXICO CITY	TABASCO
AZTECS	VICTORIA	MONTERREY	TACO
BULLFIGHTING	GULF OF MEXICO	OAXACA	TENOCHTITLAN
CABO SAN LUCAS	HACIENDA	PANCHO VILLA	TEQUILA
CARIBBEAN SEA	IXTAPA	PEMEX	TIJUANA
CHARREADA	LA PAZ	PESO	TROPIC OF
CINCO DE MAYO	LAKE TEXCOCO	PUEBLA	CANCER
COPPER CANYON	LATIN AMERICA	QUESADILLA	VERACRUZ
ENCHILADA	LOS CABOS	SALINA CRUZ	YUCATAN
FEDERAL	MAYANS	SAN CARLOS	ZAPOTEC
REPUBLIC	MAZATLAN	SANTA ANNA	
GUADALAJARA	MESOAMERICA	SIERRA MADRE	
	MEXICALI	SPANISH	

Solution on page 163

Canada

```
M V F D X U G G S E N A T E I C K I G C
G P O L A R B E A R S Y A J E U L B M E
A Y R O T I R R E T N O K U Y T T O A B
X B R I T I S H C O L U M B I A U G N E
Z W U D N A L D N U O F W E N N X Y I U
K N I N I C K E L H A M I L T O N O T Q
I C L U M B E R J A C K F L L X V B O R
U W I N N I P E G R G C O B B A P G B A
P G G W E E D S D O U G L A S F I R A P
Q S S T S E R O F W A B N F O I F E T T
H U D S O N B A Y N A F H F P L A A R O
F Y I R O Q U O I S F R O I X A E T E R
Y Y L A M U L R O N E Y D N E H L L B S
I R P O S R A E B Y L Z Z I R G E A L T
S A S K A T C H E W A N R S S E L K A O
W G L I C E H O C K E Y V L Y L P E A R
P L S V Z Z H S I L G N E A T K A S S O
C A R I B O U J Z S E I T N U O M N P N
H C N E R F T N O T N O M D E D S V D T
M S Z S R E E D N I E R E I T R A C K O
```

ALBERTA	ENGLISH	MANITOBA	RAPTORS
BAFFIN ISLAND	EXPOS	MAPLE LEAF	REINDEER
BANFF	FORESTS	MOOSE	SASKATCHEWAN
BLUE JAYS	FRENCH	MOUNTIES	SENATE
BRITISH	GREAT LAKES	MOUNT LOGAN	TORONTO
COLUMBIA	GRIZZLY BEARS	MULRONEY	WINNIPEG
CALGARY	HALIFAX	NEW BRUNSWICK	YUKON TER-
CARIBOU	HAMILTON	NEWFOUNDLAND	RITORY
CARTIER	HUDSON BAY	NICKEL	
CFL	ICE HOCKEY	POLAR BEARS	
DOUGLAS FIR	INUIT	PRINCE EDWARD	
EDMONTON	IROQUOIS	ISLAND	
ELK	LUMBERJACK	QUEBEC	

Solution on page 163

China

```
P A N D A Y T S A N Y D G N A T E B I T
Y P R E S I D E N T T R E S E D I B O G
S I C H U A N E S T A Y N U S R O Y Y N
T A O B N O G A R D N W M I W O Y C U I
I C O G Y A N S R J X I J S K A O Y A N
R C H Y N Y Y H E R P G M O I N Q M N O
J A Q O D A H T V R N G F E F O L A L A
W L I G U G I T I O S C N U Z L A R I I
Y L N N I D F J R C H N C O A G E T N L
Q I G O S S Y U G A N I O W D V N I G J
M G D K H S H N N N A E T O I G X A I N
A R Y G A Z F G A N O A D R H G N L I L
O A N N N P E H I S E L E D N P I A H J
Z P A O D S S S J R T H I A I N Y R U D
E H S H O G M A G T G Y U E E B J T B G
D Y T V N X I A N N F G A N H V R S E N
O N Y A G Y T S A N Y D G N A H S O I I
N P H E B E I U H S U A N T U N G J F H
G C I X N A H S C G N A I J E H Z V P C
H A I N A N A N N U Y S T J I A N G X I
```

BOOK OF	GUANGXI	LIAONING	TAOISM
CHANGES	HAINAN	MAO ZEDONG	TIBET
CALLIGRAPHY	HEBEI	MARTIAL ARTS	TYPHOONS
CHANG JIANG	HEILONGJIANG	MING DYNASTY	XIAN
RIVER	HONG KONG	PANDA	YUANLING
CHANGSHA	HSUAN TUNG	PRESIDENT	YUNNAN
CHOU DYNASTY	HUANG HE RIVER	QING DYNASTY	ZHEJIANG
CONFUCIANISM	HUBEI	SHANDONG	ZHU RONGJI
DRAGON BOAT	HUNAN	SHANG DYNASTY	
FORBIDDEN CITY	I CHING	SHANXI	
GOBI DESERT	JIANG ZEMIN	SICHUAN	
GREAT WALL	JIANGXI	SUN YAT SEN	
GUANGDONG	JILIN	TANG DYNASTY	

Solution on page 163

Spain

```
B R L M N O R F F A S N O R R A Z I P I
J U Q S N O E L L A G P E S E T A S D B
Z M L X D B I L B A O A K N S X A Y E E
K P H L N N E R L O C R P J B A I A Y R
Z D Y K F B A L U R T A M A L C C V U I
N J M R A I E L O H M E R Q Q H I I C A
H U V S E A G N S P D C A P E O L A P J
Z N I J P N I H L I E X M S U R A C P D
U S S L A M E O T L Y D X Z R I G M O O
I A A O V R N E O X H R E V O Z T U N O
A I C C R A R N S P R U A V P O I R A F
Y R O Y R R A E E C Q L B N E L A I L A
O U R E A O U L D Z E R E J A G E L L E
G T T N D Q L H A N V A T D N C A L E S
R S E M S I J L C T D O N Q U I J O T E
A A S A V K E I A Y H C R A N O M M S L
N Q B E B V A L S M I I O L I V E S A T
A I S B S P J U A N C A R L O S H V C S
D O R E R O T G E A W H B G N H B Y R A
A I V O G E S W K M H S H N A L A T A C
```

ASTURIAS	DALI	MALLORCA	SEAFOOD
BARCELONA	DON QUIJOTE	MEDITERRANEAN	SEGOVIA
BASQUES	EUROPEAN	MINORCA	SEVILLE
BEACHES	UNION	MONARCHY	SHERRY
BILBAO	GALICIA	MURILLO	TORERO
BULLFIGHT	GALLEONS	OLIVES	VALENCIA
CANARY ISLANDS	GOYA	PAELLA	VELAZQUEZ
CASTELLANO	GRANADA	PAMPLONA	
CASTLES	IBERIA	PESETA	
CATALAN	ISABELLA	PICASSO	
CHORIZO	JEREZ	PIZARRO	
CHURROS	JUAN CARLOS	PYRENEES	
CORTES	LOPE DE VEGA	SAFFRON	

Solution on page 163

Australia

```
G N I M M I W S A I N A M S A T K H A H
V I C T O R I A O C P L A T Y P U S Y T
G O F W Y B A L L A W B R O L G A I E L
S D E E R T S U T P Y L A C U E L F D A
E N R N E H N T F I K J S Y D N E Y I E
N A U S T R A L I A N C A P I T A L A W
R L H O R N R R E A Y D A M I S A L L N
U S T U E E A E B I R E I B E R Y E E O
O I R T S W M N I O E T R G T S S J D M
B R A H E S A A K R U S S S E U C V A M
L E T A D O T B B O R R U S R N O O L O
E S R U I U A S O A O A B O E O O U O C
M A O S M T C I O R N K B R H R C U P K
C R P T A H X R M R I D A T I A R K S T
R F N R N W L B E P F G I B A D R O J A
I A I A A A H T R F I H I H U E G E T B
C L W L T L S K A K A D U N C R R E P M
K A R I D E U D N A L S I N E E R G K O
E O A A W S B M G O L D C O A S T A C W
T K D N A L S N E E U Q A R R E B N A C
```

ABORIGINES
ADELAIDE
AUSTRALIAN
CAPITAL
AYERS ROCK
BOOMERANG
BRISBANE
BROLGA
BUSH
CANBERRA
CATAMARAN
COMMONWEALTH
CRICKET

DARWIN
ECHIDNA
EMU
EUCALYP-
TUS TREE
FRASER ISLAND
GOLD COAST
GREAT BAR-
RIER REEF
GREEN ISLAND
HARBOUR
BRIDGE
INDIGENOUS

JAMES COOK
JELLYFISH
KAKADU
KOALA
KOOKABURRA
MELBOURNE
NEW SOUTH
WALES
OPERA HOUSE
OUTBACK
PLATYPUS
PORT ARTHUR
QUEENSLAND

SOUTH AUS-
TRALIA
SWIMMING
SYDNEY
TANAMI DESERT
TASMANIA
TORRES STRAIT
VICTORIA
WALLABY
WESTERN AUS-
TRALIA
WOMBAT

Solution on page 163

```
K E M E T O M B M G B W Y X F O L S P J
H C S U R Y P A P H K A R A B U M G E D
U I S T M T S X N I H P S T A E R G J W
F Y S U S M V M O D G N I K D L O K Q N
U L G F F F I G Y Z R E V I R E L I N A
G O N O R O S E T T A S T O N E N Q O S
A Z I M T A A C S E N E M T E M P L E S
D A K M O U R L A I R D N A X E L A S E
A N E Q A D T T U R G Q T U R B A N C R
I N H M S D G A A S I S M A I L I A I G
A O T B I S H N N P N E P G Z D C C H L
Y I F W S W E G I K O I G O A I O Z P W
N T O T C A C S I K H E N N E H G E Y N
I A Y G N A O I M H E A L E Y H O U L Z
M G E T F O I R B A N L M C P W C S G A
C I L B U P E R B A R A D E T I N U O R
O R L T A D A S O U R C W D N T A L R A
S R A S S I L K A R N A K S I A D N E H
M I V E U G G R E A T P Y R A M I D I A
B G A A C M Y M E L O T P H A R A O H S
```

ALEXANDRIA	KEMET	PAPYRUS	TOMB
ARABIC	KHUFU	PHARAOH	TURBAN
ASWAN HIGH DAM	MEDITERRANEAN	PTOLEMY	TUTANKHAMEN
CAIRO	MENES	QENA	UNITED ARAB
CHEOPS	MIDDLE KINGDOM	RAMSES	REPUBLIC
CLEOPATRA	MINYA	RED SEA	VALLEY OF
GIZA	MUBARAK	ROSETTA STONE	THE KINGS
GREAT PYRAMID	MUMMIES	SADAT	
GREAT SPHINX	MUSLIM	SAHARA	
HIEROGLYPHICS	NASSER	SINAI PENINSULA	
IRRIGATION	NILE RIVER	SOHAG	
ISMAILIA	OASIS	SUEZ CANAL	
KARNAK	OLD KINGDOM	TEMPLES	

Italy

```
R S D B A R S E H C R A O L I V E S F O
C E N Y N A C S U T C K Q J Z H D K H X
A L A T L Y L I C I S E I S O U H F P J
T P L E L R O B E R T O B E N I G N I U
A A R C R E R A U Q S S R E T E P T S I
C N E N O L O L L E T A N O D P O N A J
O E Z A M L G N I A T N U O F I V E R T
M T T R U A T R A E C N A S S I A N E R
B S I F L G H T U R T F O H T U O M R H
S E W D U E M A P U D O M G U N D E U L
T I S Z S S S D O A T O Q U E M Y L T I
O R H I E E E R R S N I D R S A F B P G
I T T N I H O A I U A T O A W E C R L U
R R A O R G T G V M L E H N V U U A U R
A E B C T R T E E O I X A E I I F M C I
H A N S S O O K R D M I I O O A N N S A
C S A U E B R A X M P I Z Z A N N C U N
W U M L P Z G L E P A H C E N E T S I S
D R O R A A T S A P E N N I N E S P E E
Q Y R E T E M E C T N A T S E T O R P A
```

APENNINES
APPIAN WAY
ARCHES
BARS
BORGHESE
GALLERY
CATACOMBS
CHARIOTS
DOMUS AUREA
DONATELLO
ERLUSCONI
FRANCE
GROTTOES

IONIAN SEA
LAKE GARDA
LEONARDO
DA VINCI
LIGURIAN SEA
MARBLE
MILAN
MOUTH OF TRUTH
MUSEUMS
NAPLES
NERO
OLIVES
PANTHEON

PASTA
PISA
PIZZA
PO RIVER
PROTESTANT
CEMETERY
RENAIS-
SANCE ART
ROBERTO
BENIGNI
ROMAN BATHS
ROMULUS
SALERNO

SCULPTURE
SICILY
SISTENE CHAPEL
ST PETERS
SQUARE
SWITZERLAND
TAPESTRIES
TREASURY
TREVI FOUNTAIN
TRIESTE
TUSCANY

Solution on page 164

```
W S T U T T G A R T V E H C S R O P B M
R E V I R E N I H R T E B U N A D A U E
O Q I M U N I C H R G I Z P I E L B N G
L Y G M E W T F R A N K F U R T A S D U
L Z H B A C H E H C S Z T E I N M X E H
E N L L A R U G P Y C A R C O M E D S G
C E P A L B R O T H E R S G R I M M T R
N B R C B A N E H B A E S H T R O N A E
A S E K E U N O P O A S A U S A G E G B
H E U F R S K N I U N R E L M I A D D M
C D N O T T O V O N B I S M A R C K R E
O E I R E R B W M B U L L D Q A C S E R
L C F E I I B R E M E N I R M V H O S U
O R I S N A L P S C O N A C E A A C D N
G E C T S V O L K S W A G E N B M C E H
N M A R T I N L U T H E R U P Y B E N M
E P T L E G A G P L U X E M B O U R G J
F U I V I Y Y R A T N E M A I L R A P A
E N O D N A L H C S T U E D W W G U I Z
K C N A L P X A M R A N E V O H T E E B
```

ALBERT EINSTEIN	BROTHERS	FRANKFURT	PARLIAMENTARY
ALPS	GRIMM	HAMBURG	PORSCHE
AUSTRIA	BUNDESTAG	LEIPZIG	REUNIFICATION
BACH	CHANCELLOR	LUXEMBOURG	RHINE RIVER
BALTIC SEA	COLOGNE	MARTIN LUTHER	SAUSAGE
BAVARIA	DAIMLER	MAX PLANCK	SOCCER
BEETHOVEN	DANUBE	MERCEDES BENZ	STUTTGART
BERLIN	DEMOCRACY	MUNICH	VOLKSWAGEN
BLACK FOREST	DEUTSCHLAND	NIETZSCHE	WEIMAR
BMW	DRESDEN	NORTH SEA	REPUBLIC
BONN	ELBE	NUREMBERG	
BREMEN	EUROPEAN	OTTO VON BIS-	
	UNION	MARCK	

Solution on page 164

Ireland

```
J C R Y Y T Y A E M E R A L D I S L E R
U O L J A T T E K C E B L E U M A S O T
Y N N C A W K X G V G D R K P E I U U Q
T N J A J M E R R A E G I K L X N F E T
P A S T T F E S O R L L L T X D T U N A
Y C L H C H K S U C L W S M E V P I E E
T H W O I S A E J A O A A R R Y A I I Z
H T R L S D O N R O C U S Y U R T S R J
E S G I U Y N N S Y Y S N H G G R E E N
T R I C M C E A E W T C T T B S I L M B
K C B R C Y K N L I I L E N Y A C A N T
D U B L I N R B D S N F H Z A K K T E V
H Y E U T A P S R B I Y T U B I E O W A
E E G O L F O H O S R L S O R Z G R G T
N A Z B E W T A F G T S L L U L D E R Y
I T J M C X A M R E T S N I E L I H A Y
M S I R U O T R E C C O S O H E S N N B
A X G L I H O O T N U A R R A C R T G Y
F J S B X J E C A G A E L I C G A M E S
T B F L U U S K W I I H T P Q T Q Y A R
```

ACHILL ISLAND	GALWAY	LUCK	ULSTER
BLARNEY CASTLE	GIANTS	NEWGRANGE	WATERFORD
CARRAUNTOOHIL	CAUSEWAY	POTATOES	YEATS
CATHOLIC	GOLF	RAIN	
CELTIC MUSIC	GREEN	REELS	
CONNACHT	HERO TALES	ROUNDERS	
CORK	HURLING	RUGBY	
COUNTY KERRY	IRISH	SAINT PATRICK	
DUBLIN	JAMES JOYCE	SAMUEL BECKETT	
EIRE	JIGS	SHAMROCK	
EMERALD ISLE	JONATHAN SWIFT	SOCCER	
FAMINE	KILLARNEY	TOURISM	
GAELIC GAMES	LEINSTER	TRINITY COLLEGE	

Solution on page 164

```
K U V U K O Q I B Y S M I J K K O B E A
E X W N L S X B X E W A M K O A K Z M V
N N O M T F U J I M A G I R O P J I P R
K U N S U D S T L O X H R T B Q H D E B
K G O H D E R N R O R O P P A S A Z R O
K O M H T N A H F O K O O B O M S B O N
L H I O O G A L E P I H C R A Y A D R S
I S K P O N T L Y A W P I N T E U D T A
M Y P Y P P I M S A K H I B Q J I R W I
O I A P H A P A C I F I C O C E A N G F
N S F Y V K R O R Z U N H U T L U U Z D
O Y E H I A A L R T I K A I A G T S M X
N X P C H J M W I K T J U I T H O G O P
H J H R I F A A A A Q E T Y S O M N T M
E X T A B R K S H S M R L R R A O I Q S
T A V N A P A J F O A E S L V N B S D Y
A O Q O G G S A P M K K N Q U D I I C K
R F P M A K O U K U F O I T V B L R T U
A W A N I K O E A S M K Y O T O E L M V
K Z K L I C M S T E E B R A G U S C E S
```

AKIHITO	KARATE	OSAKA	YOKOHAMA
ARCHIPELAGO	KAWASAKI	PACIFIC OCEAN	
ASIA	KIMONO	PARLIAMENT	
AUTOMOBILES	KOBE	RICE	
BONSAI	KYOTO	RISING SUN	
BOOK OF HAN	MARTIAL ARTS	RYUKU ISLANDS	
BUDDHISM	MONARCHY	SAITAMA	
BULLET TRAIN	MT FUJI	SAPPORO	
DIET	NAGASAKI	SEA OF JAPAN	
EMPEROR	NAGOYA	SHOGUN	
FUKUOKA	NIPPON	SUGAR BEETS	
HIROSHIMA	OKINAWA	SUMO	
JUDO	ORIGAMI	TOKYO	

Solution on page 164

Trade Shows

```
W H T O O B C F Y T U A X B R S G U S Z
C X E D M O C O Q G X Y X A Q Y K Y J M
S L S J Y L E D M E X H I B I T O R S G
P A E W C O B G W I T B R O C H U R E E
A T I P E G I N E S C A T R P T W F X U
R N T U T N T I X P O C R E R D B P P N
I E I M O A P D H O N H O T E L S T O O
S R L C N M O L I N S M D N S V E P C I
A E I O Y O R I B S T K R E S N M R E S
I G C N E T C U I O C B E C L Y O O N S
R I A F K O O B T R U F K N A R F M T I
S S F E R R M C I S D A A O S T H O E M
H T S R E S P O O H O P E I V S Q T R D
O R D E G H A R N I R R P T E U D I E A
W A U N C O N P H P P O S N G D I O V W
C T M C R W I O A F W G S E A N S N E U
A I G E K S E R L O E R Z V S I P A N H
S O E G A T S A L O N A O N D D L L T F
E N U S N O I T A D O M M O C C A G S M
M Y F E E D N E T T A L I C G J Y Y M J
```

ACCOMMO-
DATIONS
ADMISSION
ATTENDEE
BOLOGNA
MOTOR SHOW
BOOTH
BROCHURE
BUILDING
CEBIT
CES
COMDEX
COMIC CON

COMPANIES
CONFERENCE
CONVENTION
CENTER
CORPORATE
DEMONSTRATE
DISPLAY
EVENTS
EXHIBITION HALL
EXHIBITORS
EXPO CENTER
FACILITIES
FOOD

FRANKFURT
BOOK FAIR
HOTELS
INDUSTRY
KEYNOTE
LAS VEGAS
NEW PRODUCTS
PARIS AIR SHOW
PRESS
PROGRAM
PROMOTIONAL
REGISTRATION
RENTAL

SHOWCASE
SPEAKER
SPONSORSHIP
STAGE

Solution on page 164

Business Attire

```
U J H B T B W U X L Q Y W C D H N E Z D
B D W A R D R O B E H J P D D I U O C E
V E S T Y Z T O U D E D O C S S E R D E
U T M L S D Q F O M B X K Y A D N E G W
F O R M A L I T Y K U W A I S T C O A T
F B O I Q C P I S V S D X C O L L A R X
F Q F M H S K A D T I B X J R B B W M H
S D I Z E S P S N R N Z R L D L L Q E R
E Q N O Z Y O O F T E A C O T T O N N T
O F U L H H A L R C S S P Y T G U M T W
H N O I H S A F O T S U S I C H S M S E
S N O T T U B Q C P C L I E R W E R A T
N K I W S T J R F Q A O Y T S P E R L U
U U F A E Y V M E E S F A C T S A G S Z
N E C K T I E G I Z U A M T U I S C L W
P L C G U E I T K C A L B O G K T G E S
T A I L O R W C C T L L R Q I A Z T E S
J U V L I O Q X A C D T B R C H H V V B
O T F D B M D X S X U K T F J K X B E A
K O Q I U Q X S K C O S F F U C P Y O A
```

BLACK TIE
BLAZER
BLOUSE
BOW TIE
BROOKS
BROTHERS
BUSINESS
CASUAL
BUTTONS
CAPRI PANTS
CASUAL FRIDAYS
COLLAR
COTTON

CUFFS
DRESS CODE
DRESSES
FASHION
FORMALITY
GARMENTS
JACKET
KHAKIS
NECKTIE
PANTSUIT
POLO SHIRT
SHOES
SKIRTS

SLACKS
SLEEVE
SOCKS
SPORT COAT
TAILOR
TROUSERS
TWEED
UNIFORM
VEST
WAISTCOAT
WARDROBE

Solution on page 164

Expense Account

```
N K Z M C A U D I T O R L O D G I N G T
M G R Y R G I C S T P I E C E R N H X I
E A J O L E L R M C V X G N T E L B F L
S G M A W I P P F O O D T K A U D S E V
M H T M E R K O V A N E R Y L J L U Q L
C O Q N S V E O R I R M E C E D F P M N
J I T G J N I P Z T S E I I R R J P G H
S U O E N R O T A P Q A M L K L O L T N
A F S I L I E I U P U L B O R D R I N K
L S S T A S N Y T C D S U P O H I E Y C
E V A R I M O I O A E V R Y W S Q S R H
S I L K E F E H A L D X S N Q E D E T S
P D C N C R Y X J R P O E A S G W L N V
E X T R A V A G A N T M M P H R D I W M
R C S E C D S G N I T E E M N A C M U M
S H R H S I V A L K L Z N O O H A R O B
O O I V E N O H P E L E T C G C C I M M
N T F H C N U L G N I T N U O C C A C L
L E M I L E A G E L I B O M O T U A H C
G L E V A R T G J X R T D V F X T G C N
```

ACCOMMO-DATIONS	DRINK	MEALS	VISA
ACCOUNTING	EMPLOYER	MEETINGS	WORK RELATED
AIR MILES	ENTERTAINMENT	MILEAGE	
AIRFARE	EXECUTIVE	MOTELS	
AMEX	EXTRAVAGANT	PAPERWORK	
AUDITOR	FIRST CLASS	RECEIPTS	
AUTOMOBILE	FOOD	REIMBURSEMENT	
CFO	FUEL	REPORT	
CHARGES	HOTEL	SALESPERSON	
CLIENT	JUSTIFY	SUPPLIES	
COMPANY POLICY	LAVISH	TELEPHONE	
DINNER	LODGING	TRAINING	
	LUNCH	TRAVEL	

Solution on page 165

Corporate Visit

```
E P S N O I T A C I N U M M O C C B S X
N L L A X H O C I S P E P H T I K J L O
J N P D G V S E R A B Z B Q K V P H H M
M O E P Z K E H T K X A M E C I F F O A
B K E T A G L O C Z M N A G P Q X R K U
D I L S F D T R E N A A T O Y O T U G W
C A N O C L E X L J Y M R T A S I G A Q
N L C G C Y I L E L P L O T D T N L L G
P U S Y O K Z X L Y N P L R W R T T O C
Z A G N J K H O A O E S O L G D E O C U
F H B I H Q W E R D S N N G I O L P A K
U T O N G E S V E G V V N S N R N E C X
D C B T S N E C N D R L N E R Z R D O R
E T T E X H I T E I M E Z A P X A E C E
F L C N C F V E G Z Y A M T M C C M M Z
A I U D F I U Z O E X V R V N A J O D I
C P B O B D G Y N B Z V O T X I Z H D F
S I E M E N S C Q I E C I T I G R O U P
E T A T S L L A L B E R T S O N S P N V
N W G Y X G X C X K R H W X D Y N O S K
```

ALBERTSONS	HOME DEPOT	NETFLIX	SPRINT
ALLSTATE	IBM	NINTENDO	TOYOTA
AMAZON	IKEA	NOKIA	UPS
APPLE	INTEL	NORDSTROM	WALT DISNEY
BOEING	JC PENNEY	OFFICE DEPOT	
CHEVRON	KMART	OFFICEMAX	
CITIGROUP	KOHLS	PEPSICO	
COCA COLA	LOCKHEED	PFIZER	
COLGATE	MARTIN	SAKS	
DELL	LOWES	SBC COMMU-	
GENERAL	MERRILL LYNCH	NICATIONS	
ELECTRIC	MTV	SIEMENS	
HEINZ	NESCAFE	SONY	

Solution on page 165

Currency Exchange

```
C C Q H U P E X Q R U P I A H S V B H A
Y H B Z L Y W P O W B Y T M C Q U W V Y
D R L W N U P O U N D S I H C R M C R L
H B U O K U Q O B D O H I T A X R C E L
Z N R P U W O F B D C L K N Z I B P O F
R L A A E Z J O U Y L V D B O P B S U G
P G N U Z E L C T I Y P C E H I T A Y C
C A R J Y I S O N F S S A E F I Y B H R
R O H G V E L G W H E L K A G R H S D T
E E T A Y Z S I N Q C P E G K U A S R O
A J R G T V K E A P A L N K W K J N A L
I E U U N B Y W N N H I W D E L R U C H
S T N I R O F N A I R A G N U H E A H S
E A B L D E U T S C H E M A R K S V M S
A B T D P N I L E R H C A U I O M W A R
O E X E P L T H E A A A B L Y R A C E A
U T S R S R B N L N R L I E A U H U G N
X O Y S M E O U V N E I L G L N R N Z I
S E W F O R P N A S U R C O S Y I M R D
V U U Z K L R T W F T E L G D J D F J H
```

BOLIVARES
BRAZILIAN REAL
CHINESE YUAN
DEUTSCHE
MARKS
DINARS
DIRHAMS
DOLLARS
DRACHMAE
ESCUDOS
EURO
FRANCS
GUILDERS

HUNGAR-
IAN FORINT
KORUNY
KRONER
KWACHA
LEVA
LIRE
MARKKAA
NEW SHEKELS
PESETAS
PESOS
POUNDS
PULA

RAND
REAIS
RINGGITS
RIYALS
RUBLES
RUPEES
RUPIAHS
SCHILLINGS
THAI BAHT
YEN
ZLOTYCH

Solution on page 165

Drop by the Office

```
A N O I T O M E D H M D M M D F S J S V
K S Q W S T C O M M U T I N G J I Q J J
S C I T I L O P A E S I A R X R I Q N H
E D K M N Q O I Q D E B A B O N U S V C
D I F O O W R M T E R E L S W O D N I W
C Q Z U I E J S N E G V S H M I V E N K
H F U S T E N I B A C E L I F N K U R F
A C B E P I R B T M C N E G K A E G A Y
I J F P E G U S W O E D G H E C N S L K
R A E A C R O R R R P I A R R E I C A R
C E P D E P E P I A R N B I E G V G Y E
P F L H R P D H T L D G S S Z A E L O L
D B U O O R W X B E E M V E A B P I F C
R O E R O E C O A T R A C K U R A N F O
A S T W N C W H I T E C O L L A R T O P
W S L R Y I R T P I N H I G Y G G E L I
E C O M P U T E R W H I T E O U T R D E
R D O U G H N U T S F N I S C A N N E R
S U P P L I E S R A R E M P L O Y E R H
A G A T I A J J F E W P V P A M M T W N
```

BAGELS	DOUGHNUTS	NEW HIRE	WHITE OUT
BONUS	DRAWERS	POLITICS	WINDOWS
BOSS	EMPLOYER	POSTAGE	WORD PRO-
BREAK	FILE CABINETS	RAISE	CESSOR
CAFETERIA	FOLDER	RECEPTIONIST	
CHAIR	FURNITURE	REPORTS	
CLERK	GARBAGE CAN	RUBBER BAND	
COAT RACK	GRAPEVINE	SCANNER	
COMMUTING	HIGH RISE	SUPPLIES	
COMPUTER	INTERNET	VENDING	
COPIER	LAYOFF	MACHINE	
DEMOTION	MORALE	WATER COOLER	
DESK	MOUSE PAD	WHITE COLLAR	

Solution on page 165

Going to Court

```
G A V G C O R D T K T T G P V P X X W C
B C I X J A Y L M Y G N E O E Z V M I H
N G R A N T T N E M T C I D N I F K A F
P F A P Z H F E T C Y Q Q N O Q C X Z M
E Z C P B S N G N Y N O M I T S E T P L
K X T O M I S D E M E A N O R Y S M L D
P G I I N T H U M C R E V I D E N C E I
C Z O N R S N J N Z E L A I O R E F A S
F A N T E W E A G A S A C W N E E P D S
Y K D M T C U N I C I G F E E N C R I E
R C E E S N S Q S Q D E I H S I O E N N
X O F N I O E F S U U L L E C A V C G T
F R E T R M L E A I A N E B A T S E T I
H P N W R M N I T T R L A G A E V D R B
G O D R A U P R C Q Y K G N I R A E H I
C R A E B S U B I I R E P R E S E N T H
F A N Y T S B Z D S T N E M E T A T S X
S T T W O W Y T R E P O R P W R Y S L E
S E G A M A D T E S E G R A H C S H Z A
O J X L U P D E V I S E E F R I U W Z V
```

ACQUIT	DEFENDANT	LEGAL	TESTIMONY
ACTION	DEFENSE	MISDEMEANOR	VERDICT
ALTERABLE	DEVISE	OATH	
APPOINTMENT	DISSENT	PLEADING	
ASSIGNMENT	EVIDENCE	PRECEDENTS	
BARRISTER	EXHIBIT	PROPERTY	
BRIEF	FEES	REPRESENT	
CHARGES	FILE	RESIDUARY	
CONNIVANCE	GRANT	RETAINER	
CONSENSUAL	HEARING	REVIEW	
CONTINUANCE	INDICTMENT	SOLICITOR	
CORPORATE	JUDGE	STATEMENTS	
DAMAGES	LAWYER	SUMMON	

Solution on page 165

Packing List

```
J B Z Y H M N Y T Q X S M T C M G Y G H
M T S D E G A G G U L A P T O P M T R L
S O K R E X F K S E I R T E L I O T X B
H N I E E S T R D V D P L A Y E R N L K
A Y R S T P N R R E Y A L P D C R O T H
M Z T S K R A E A J P M Z C W O U I N C
P T S S S C O P C B N W A A S S C T D S
O I N H N A O P S I A O G K E K R A U E
O U Y I N E P S S L T I S E Z E C B N
T S Q R I N O G E S P S T T R U T I R O
W R M T T O U S N E A O R E O B P F I H
E E A S I H T N I I R P R E R L A I E P
E W G V N P F A S T D E H D V Y D T F D
Z O A Y E L I C U I F R T C E I A N C A
E P Z D R L T K B S E Q A U T Y R E A E
R U I N A E S S P S G A B O P A E D S H
S I N C R C K I U E K L C D B M W I E G
O R E M Y O M O Z C L O T H E S O K O D
A N S F O T M O N E Y C L I P O P C H L
P L G B W V S E P N E W S P A P E R S D
```

BAGS	EXTRA BATTERY	NECESSITIES	TICKET
BLOUSES	EYE DROPS	NEWSPAPER	TOILETRIES
BOARDING PASS	HAND LOTION	OUTFITS	TRAVEL SIZE
BOOKS	HEADPHONES	PAPERS	TWEEZERS
BRIEFCASE	IDENTIFICATION	PASSPORT	WATCH
BUSINESS CARDS	IRON	POWER ADAPTER	
CD PLAYER	ITINERARY	POWER SUIT	
CELL PHONE	LAPTOP	SHAMPOO	
CLOTHES	LUGGAGE	SHOES	
COMPUTER	MAGAZINES	SKIRTS	
DRESS SHIRTS	MAKEUP	SNACKS	
DRIVERS LICENSE	MONEY CLIP	SOAP	
DVD PLAYER	MOUSE	SOCKS	

Solution on page 165

Business Meeting

```
G G Q W Z P D N F R J K D K Q Z G Q M W
D N V E T W S R O T C E R I D B P M O T
T C I E C P K M A E T M P O I E L R O M
G I J K Y O B G X O D H R M S U E B R A
F E R L L L M G N I B G S A C C F N E N
O A E Y H A N O I T A C I N U M M O C A
R E T V T I T F B N H D U R S P D O N G
N Q R T N E V E I E A A R T S R E S E E
M F E N O U N Z D N X I K R I H V S R M
C I A C M N A U N A N L U S N H E E E E
S L T C W T L U A G C Y L T G S L N F N
P O A R I E A O M E E T I N G P O I N T
E V D O V L D O R G A N I Z E R P S O N
A P N F D P I Z S L A M R O F B M U C E
K S E F I A F T C E J O R P N P E B B M
I Z G S R M A T A S K L I S T I N F O P
N O A I T F Y D G T O P I C S C T O Y I
G W K T F Z H W U U O P U R P O S E H U
U W W E X O S K L Q T R S E T U N I M Q
M L U N C H N F R B C D R K Z W N B D E
```

ACTION ITEM	EQUIPMENT	PROJECT
AD HOC	EVENT	PURPOSE
AGENDA	FACILITATOR	RECURRING
ANNUAL	FORMAL	RETREAT
BOARD	LUNCH	SCHEDULE
BUSINESS	MANAGEMENT	SPEAKING
COMMUNICATION	MEETING POINT	STAFF
CONFER-	MINUTES	TALKING
ENCE ROOM	MONTHLY	TASK LIST
DAILY	OFFSITE	TEAM
DEVELOPMENT	ORGANIZATIONS	TOPICS
DIRECTORS	ORGANIZER	WEEKLY
DISCUSSING	PLANNING	

Solution on page 166

Power Breakfast

```
D R G O K L Z B F N J U R E T T U B R X
E W O I I B T P C O R P O R A T I O N S
G D O H S T R A W B E R R I E S C V B Z
A P U R Y S E T A L O C O H C T O H I P
S N W O R B H S A H O Z P U S I N Q M C
U R A L S R E E R A C G I E S U V J P D
A S K L I M R G T R E T S V W R E A A X
S V T S P E T M W X S E E O J F R M N L
J J J U C X E Q M A E C N S T E S U C V
D A E D N A A U N H X I O R E P A F A L
I L L A L H F D C L E U C A L A T F K C
S O L C M D G M R S C J S N E R I I E T
C N Y B Z R A U U W U E C C M G O N S W
U A X V A E T O O B T G S H O O N S B P
S R D V R C I R O D I N G E H M E K A A
S G Y C A T K A R S V A O R L N P J C S
I E S T I U R F H S E R F O I F C A O T
O K N B A G E L S G S O X S C T F U N R
N O M E E T I N G J T R U G O Y S A N Y
C A P M D I P S Y L R B A N A N A S W I
```

AMBITIOUS
BACON
BAGELS
BANANAS
BISCUITS AND
GRAVY
BUSINESS
BUTTER
CAREERS
COLD CEREAL
COMPANY
CONTACT
CONVERSATION

CORPORATIONS
CREAM CHEESE
DISCUSSION
DOUGHNUTS
EGGS
EXECUTIVES
FRESH FRUIT
GRANOLA
GRAPEFRUIT
GRITS
HASH BROWNS
HOT CHOCOLATE

HUEVOS RAN-
CHEROS
JAM
JELLY
MEETING
MILK
MUFFINS
OATMEAL
OMELET
ORANGE JUICE
PANCAKES
PASTRY
ROLLS

SAUSAGE
SCONES
STRAWBERRIES
SYRUP
WAFFLES
WORK
YOGURT

Solution on page 166

Business Terms

```
Q Q X S Y R F X S O O R W M D Z H T V W
F M E S E G N A H C X E X P E N S E S S
C L X D N E P Y P S R E T R A B U U C N
L O A N I U M F C G X M T L W Y D F U P
N B D O L L A R T N E M E G A N A M E V
I C T B D A R P R O D U C T I O N B K R
A N T P A V G J V I N K W S I I R F L R
Z Y N S E K I N G T O S S B Y T E K X E
P E U Q D O N A K P I J T W W P C B D P
S C F U L O G R E M T I A H K M E H V O
L C U A S B O I S U U N T E N E I G A R
B A P R E W V G X S B C E I O X V O D T
E P R T R D E R F N I O M M I E A K I D
V I O E V E R T O O R M E P T A B W V L
E T P R I M N C B C T E N O C S L H I O
X A E L C A M C U C S S T R U T E P D H
P L R Y E N E A Y I I O O T D O D V E H
O U T W S D N C R E D I T C E C A N N T
R E Y Z X Q T S E R E T N I D K R E D I
T J B K R P W P Q F Y L P P U S T L F W
```

BARTER	DIVIDEND	MANAGEMENT	STATEMENT
BONDS	DOLLAR	MARGIN	STOCKS
BOOK VALUE	EXCHANGE	NET	SUPPLY
BUY	EXEMPTION	PAPERWORK	TRADE
CAPITAL	EXPENSES	PAYABLE	WITHHOLD
CONSUMPTION	EXPORT	PRODUCTION	
COST OF GOODS	GOVERNMENT	PROPERTY	
CREDIT	IMPORT	QUARTERLY	
CURRENCY	INCOME	RECEIVABLE	
DEADLINE	INTEREST	REFUND	
DEDUCTION	INVESTMENT	REPORT	
DEMAND	IRS	SELL	
DISTRIBUTION	LOAN	SERVICES	

Solution on page 166

Visiting Wall Street

```
D F F U T U R E S D N E D I V I D D C L
K N F K D E R R E F E D X A T L J K O Z
M G U S H O R T T E R M R P E L D A M E
F F Q F D K E K K S G I E I K T D O P U
T L S U E N E Q X A A N S Y R R J P O J
A G V E O G O X J B N S E S A A T T U F
V H N O T T D B L Y U F A T M D E I N S
E O S I B A A E S E Z A R N R I M O D R
R I L A D R R T H G H H C U A N M N R E
A L S A R A O D I V N S H O E G U S A D
G O T Z T C R K E O B I A C B F L E L A
E F E E K I A T E X N A V C L L P H L R
S T S S W T L G E R I S N A M O N E Y T
O R S M M P A I F N N F P K S O F B X Q
L O A A A R Y G T N I I J N I R M N O A
C P L A T I P A C Y C L W A U N A L R D
S G N I N R A E I I H T N B U F G O P S
F J B C O M P A N Y R E P O R T S C I A
X R W S S D N U F L A U T U M A R G I N
A E H F V Q M A T U R E U L A V Q M U J
```

ARBITRAGE	CRASH	MUTUAL FUNDS	TAX DEFERRED
ASSET	DIVIDENDS	NASDAQ	TRADERS
AVERAGES	EARNINGS	ONLINE TRADING	TRADING FLOOR
BANK ACCOUNTS	FIXED RATES	OPTIONS	VALUE
BANKING	FUTURES	PENNY STOCKS	VARIABLE RATES
BEAR MARKET	HEDGE FUND	PLUMMET	VOLATILITY
BROKER	ISSUE	PORTFOLIO	
CAPITAL	LOAD	PROXY	
CASH	MARGIN	QUOTATIONS	
CLOSE	MATURE	RALLY	
COMPANY	MONEY	RESEARCH	
REPORTS	MUNICIPAL	SAVINGS BONDS	
COMPOUND	FUNDS	SHORT TERM	

Solution on page 166

Mountains

```
G F U Z R W L T H Y S U P M Y L O H T J
A F P X Y E G O X S N O T E T D N A R G
V X I I P T Q E H C N A L A V A R I K Y
D U H A N T C A N Y O N S D S R G V A P
I B R K A E P S E K I P O P E C L I M B
Q M A R T R V K X K L O E S Q O A S W R
M X T O E H P I C A H N T M N D C T Y U
G K L C E O O M N T S N E G A Y I A H F
F E Z K K R T O N S O G S V D Q E S S H
Q D G Y H N U U A M O P E A E V R U R Y
T I M M U S O N V K E N P O V K P G A Z
E N K O R M I T W A A R M L I N E A S A
K E M U E U W E K R W O S A L E A R S O
S L Z N Q A T V R P N H Z N S S K L Y E
Q F G T S H S E L R G R R U T S E O E G
J M F A G M I R A N G E I A O A I A L S
P G T I D S P E C T L T R M W L S F L S
P C E N L B T S H A S T A R E I N I A R
H H I S B C T T A N N A P U R N A G V R
D I A N I S A Y A L A M I H L N F V G A
```

ALPS	LONGS PEAK	RAPEL	WASATCH
ANNAPURNA	MATTERHORN	ROCKY MOUN-	WETTERHORN
ASPENS	MAUNA LOA	TAINS	
AVALANCHE	MONTSERRAT	SHASTA	
CANYON	MOUNT EVEREST	SIERRA NEVADA	
CLIFFS	MOUNT HOOD	SINAI	
CLIMB	MOUNT	SUGAR LOAF	
DEVILS TOWER	MCKINLEY	SUMMIT	
GLACIER PEAK	OLYMPUS	TOP	
GRAND TETONS	PIKES PEAK	TRAM	
HEIGHT	PINE	VALLEYS	
HIMALAYAS	RAINIER	VINSON MASSIF	
LASSEN	RANGE	VISTAS	

Solution on page 166

Oceans

```
W G B A N J T B Q S W A A E M F L O O R
I O N M L D L V C T Z T N E A P T I D E
K C O V E R W A S H L I F I S H I N G T
S Q T M N D R Z W A L Z V T F Y C D J S
S F K R O P I A N E C W A V E S I A R A
Z C N N Z Q H T R G U L F S T R E A M E
D N A O F X I O E W Y L O M C A N A L H
I Y L U R C H E O R E D R I H M S X E T
V F P R U S G U H V R E N U N N E C N R
I L I I S H C N E R T A N A I R A M I O
N O I S O R E L A A E A N A L F W Y L N
G O L H X V A D W C I N H E R S A E A S
R D M M D E R H O B C C I U A B T D S I
O T K E S I G O A F D Q S L M N E U L B
I I M N A I M R V O R D O W N D R I F T
N D A T H J A A O B R E A K W A T E R R
G E I N G N I F R U S E R O H S E R O F
M C A B X T V Z M I U T D C I F I C A P
B E A C H E S D X P N Q Z O L A G O O N
M K D T S C P W H A L E S C A L P B F Z
```

ADRIATIC	FLOOD TIDE	MEDITERRANEAN	SURF ZONE
ARABIAN	FLOOR	NEAP TIDE	SURFACE
ATLANTIC	FOOD CHAIN	NORTHEASTER	SURFING
BAY	FORESHORE	NOURISHMENT	WAVES
BEACHES	GROIN	OCEAN LINER	WHALES
BLUE	GULF STREAM	OCEANIC RIDGE	
BREAKWATER	LAGOON	OVERWASH	
CANAL	MARIANA TRENCH	PACIFIC	
DIVING	MARINE	PLANKTON	
DOWNDRIFT	MARLIN	SALINE	
EROSION	MEAN HIGH	SCARP	
FETCH	WATER	SEAWATER	
FISHING	MEAN SEA LEVEL	SHORELINE	

Solution on page 166

Forests

```
J L J W P O C P W G H S B U R H S Z Z D
L U R Y G O L O C E N A Y R O K C I H B
V M V V U A D J O I E I B C E W T C U G
H B R G N A U R X U K R P I A B L T T Z
W E A T E N C A K Z H H T M T M M S J S
V R S M G H G B G G L M P K A A O I N C
Z R D L A Z B B N R E I R C A C T R T G
T S E R O F N I A R O R A C H O E P E U
R W D G N S T T O E N V I R O N M E N T
N G H S N N R S Y D H E E F T S P D I A
I H F I U A X E S I I Z A T R E E S P C
I J A H T U R Y K O H V K D C R R G U B
M I S T L E T O E C M A E U B V A U C O
Y X T D Q U P D E J E C R R P A T H R B
P R M F I S H I N G I P U D S T E P O K
E V E R G R E E N D S S D L W I G Z P F
R O J V H Y F E U E H B T O A O T D A Y
O G K P A W X O U D G V K Y O N O Y B C
I R P U Q E U L E F I L D L I W D D Q L
X K N U K S B A O Q O O E P E H O Y P E
```

BEAVER	FISHING	ORCHARD	TRAIL
BIODIVERSITY	GROVE	OWLS	TREES
BLUE SPRUCE	HABITAT	PATH	UNDERBRUSH
BOBCAT	HARDWOOD	PLANTS	WHITE PINE
CAMPING	HICKORY	PORCUPINE	WILDLIFE
CONSERVATION	HUNTING	RABBITS	WOODPECKERS
COUGAR	JUNGLE	RAINFOREST	
DECIDUOUS	LAND	RANGER	
ECOLOGY	LUMBER	SHRUBS	
ELK	MEADOW	SKUNK	
ENVIRONMENT	MISTLETOE	SYCAMORE	
EVERGREEN	MOSS	TEMPERATE	
FIRE	OAK TREE	TIMBER	

Solution on page 167

```
Q L F S X G F A T Y T U V K D Y F L J U
U R E W M M C E A K N A H K Q G G U Z O
I D U Y W A F G R E E D N I E R W K B I
E M Y E C O D O N G T I N G T L A K B H
M G N I G R E A T S L A V E A L S Y V S
F N T I K R H X C K I V I K H N A S B L
W I N N I P E G O S I S E O O F Y S B T
T L P B V S I A E A I V K B E B N I S A
O L P A I U C V T I O O N R N B O N K O
R I D L I P Z I S S R O N I T N E G R A
R T L K B E H U T U A E S N A I P S A C
E T P H R R V O A L N L S K I Q L A V R
N E O A C I K H M E L T T W B A C A I A
S N S S K O B A O E S L A L F S W G C T
Y L O H O R N I N D A L S V A T N E T E
E A P O C I R S R K A K A B S K V N O R
V D K L T A E A I M R U A R N L E O R A
Y O L O T U P A F K B H I I A Y A E I I
H G B N Q I B Y M A T A N O V Q V S A T
N A O A W B Q A N A K R U T R E B L A B
```

ADAMS
ALBERT
ARAL SEA
ARGENTINO
ATHABASCA
BAIKAL
BALKHASH
CASPIAN SEA
CRATER
DONGTING
ERIE
GREAT SALT LAKE
GREAT SLAVE

HAUROKO
HORNINDALS-
VATNET
ISSYK KUL
KHANKA
KIVU
LADOGA
LAKE VOSTOK
MALAWI
MANITOBA
MATANO
MWERU
NETTILLING

NYASA
ONEGA
ONTARIO
POSO
QUESNEL
REINDEER
SALSVATN
SAREZ
SUPERIOR
TAHOE
TANGANYIKA
TITICACA
TORRENS

TURKANA
URMIA
VAN
VICTORIA
WINNIPEGOSIS

Solution on page 167

Glaciers

```
E T T I X A G L O B A L W A R M I N G N
J A T A H O M A G L A C I E R B A Y K L
W S U B L I M A T I O N I E P P Z A M A
A M G I C D L E I F E C I U A E N U J M
S A N O V O N R P F A C Y C R T M M V P
H N I W O I Q R I L A A E T A M I L C L
A G V G P S E C G L L C D R U M L I N U
K L L L R S E H G L I K C A P W O N S G
I A A P S A T N U R E T A W T L E M L H
E C C U G O O P E C I F O R E V I R R G
G I R E M S G N G C O N T I N E N T A L
L E Q M K L Q Q A U K E N I A R O M L A
A R A C A R E I C A L G A I B M U L O C
C M A C C O A L M A N G L A C I E R P I
I J I T C R E I C A L G N A M T I H W E
E E J R W H I T N E Y G L A C I E R G R
R E I C A L G R E H T A E W R I A F Z E
Q W W T H A R D I N G I C E F I E L D K
X V O P M D L E I F E C I T N E G R A S
P Z I G Z A G G L A C I E R O S I O N E
```

ALPINE
ANTARCTICA
CALVING
CLIMATE
COALMAN
GLACIER
COLUMBIA
GLACIER
CONTINENTAL
DRUMLIN
EROSION
ESKER

FAIRWEATHER
GLACIER
GLACIER BAY
GLOBAL
WARMING
GOOSENECK
GLACIER
HARDING ICE-
FIELD
ICE AGE
ICE CAP
JACKSON
GLACIER

JUNEAU ICEFIELD
LAMPLUGH
GLACIER
MAMMOTH
GLACIER
MELTWATER
MORAINE
POLAR
PRESSURE
PUYALLUP
GLACIER
RIVER OF ICE

SARGENT ICE-
FIELD
SNOWPACK
SUBLIMATION
TAHOMA GLACIER
TASMAN GLACIER
WASHAKIE
GLACIER
WHITMAN
GLACIER
WHITNEY
GLACIER
ZIGZAG GLACIER

Solution on page 167

Canyons

```
G U L L Y L K I N G S C A N Y O N Z O S
P E G R O G R E V I R A I B M U L O C A
F R R Y E N O Y N A C S L L E H Z Q W Z
C X O Z G G R A N D C A N Y O N E D J E
Y D Y K R U G N I L L E W D F F I L C L
K P A N O Y N A C E L I M E N I N V W A
K A L I G A N D A K I G O R G E R X A T
K L G Q N O Y N A C R E V I R H S I F R
B O O U O H E G R O G R E V I R D E R O
C D R Y V A N R A T U D S E G R O G V F
O U G L A T A R A R I V E R C A N Y O N
L R E L O Z D C O P P E R C A N Y O N O
C O N O Y N A C I S A U H A T O C M C Y
A C E G R O G E G D I R B N O R I A A N
C A T A R A C T G O R G E Y J D L L R A
A N D X J C H E D D A R G O R G E A V C
N Y A Y A R L U N G T S A N G P O C E I
Y O E G R O G I S I K N A P Q C Q A D U
O N V I J S A M A R I A G O R G E R I V
N T S Y R O H N I Z E B M I A T I A C G
```

AVON GORGE

BLYDE RIVER
CANYON

CANYON FOR-
TALEZA

CARVED
CATARACT
GORGE

CHEDDAR GORGE

CLIFF DWELLING

COLCA CANYON

COLUMBIA
RIVER GORGE

COPPER CANYON

COTAHUASI
CANYON

FISH RIVER
CANYON

GORGES DU TARN

GRAND CANYON

GULLY

HELLS CANYON

IRONBRIDGE
GORGE

ITAIMBEZINHO

KALI GAN-
DAKI GORGE

KINGS CANYON

MALACARA

NINE MILE
CANYON

PALO DURO
CANYON

PANKISI GORGE

RAVINE

RED RIVER
GORGE

ROYAL GORGE

SAMARIA GORGE

TARA RIVER
CANYON

YARLUNG
TSANGPO

Solution on page 167

Deserts

```
D N S G R E A T A U S T R A L I A N B E
U G V Y B D Y D X D L E R U T S I O M D
N S G D B H X E O Q K Q Z M Y Y J I P D
E N R N I Q S O L W O B T S U D O T V I
S A H A R A L R A L L U V I A L F A N X
A K R S I F A T A C A M A Z H N W T O W
F E A S H N J X J H B V N G A A G I I M
L S S S N E L E K T C K H V S V S P T C
L L A T W T T E M P E R A T U R E I A Q
A L G J Q A R R S L C R E S A X B C R M
F E E M I M N L F S A L V M E E T E O T
N W B M J I M D U C A E A X E U D R P P
I C R N A L F N A N U O J T S R F P A X
A R U A T C S S D M B E O R O R T I V S
R W S R P H D K E A R H M U S D N X E A
I I H O I A I B R H O V G I Y T R I E G
D Y B N M U T R U A S H D E E V L P A U
K E E O M C E K S Z T A D D I L Q X R A
J W N S G N E I A T W R W D U W A T E R
E F X F L O S Q W L Y C E G A R I M A O
```

ALLUVIAL FAN
ARID
ASWAN DAM
ATACAMA
BARREN
CACTUS
CAMEL
CARAVAN
CLIMATE
DEATH VALLEY
DROUGHT
DRY
DUNES

DUSTBOWL
EVAPORATION
EXTREME
FLASH FLOODS
GOBI
GREAT AUS-
TRALIAN
GULLIES
HARSH
HOT
MIRAGE
MOISTURE
MOJAVE

NOMADS
OASIS
PAINTED
PRECIPITATION
RAINFALL
RAINLESS
SAGEBRUSH
SAGUARO
SAHARA
SANDY
SNAKES
SONORAN
SUNSHINE

TEMPERATURE
THIRSTY
WADIS
WASHES
WASTELAND
WATER
WELLS

Solution on page 167

```
M S P O K J Q V I C T O R I A V A J R S
K A J A M A I C A E L T K Z R H E O T T
D M A H N F L O K I N A W A R T A M U S
V O I U O Y A C G A L A P A G O S I G Z
Y A M F I Y U L I D T H A W A I I O T H
X Q S I S T U T K A I N I D R A S A O I
V C S D N A L S I L E N N A H C O K B H
D J O A E I V I I C A N A R Y G G R W T
O N N R C T C P R A S N Z H E N A A K A
A P A S S I P A S Y E K D U M O L N E I
N A U L A I Z I N L L A F S L K E W B W
T D O E N N C L C R L L X J O G P I R A
I A I E R E D A C G E O S G N N I V E N
G N S S N T E B H D H P T R G O H O K A
U E Y M I R O R A J C Y U A I H C L A I
A R L J A O O R G R Y O Y B S L R C I T
D G I K K N R B I T E L S I L S A A D U
G F C Q T E I W K C S A L K A I D N O E
S U I T I R U A M B O S B G N A C I K L
L I S T P K Y R A C S A G A D A M C U A
```

ALEUTIAN	FALKLANDS	LONG ISLAND	SRI LANKA
ANTIGUA	FIJI	MADAGASCAR	SUMATRA
ARCHIPELAGO	GALAPAGOS	MAURITIUS	TAIWAN
ASCENSION	GREENLAND	NANTUCKET	TASMANIA
ATOLLS	GRENADA	OAHU	TIERRA DEL
BALI	HAITI	OKINAWA	FUEGO
BORNEO	HAWAII	PHILIPPINES	VICTORIA
CANARY	HONG KONG	PUERTO RICO	VOLCANIC
CHANNEL	ISLET	SAMOA	
ISLANDS	JAMAICA	SANDBAR	
CORSICA	JAVA	SARDINIA	
DOMINICAN	KEYS	SEYCHELLES	
REPUBLIC	KODIAK	SICILY	

Solution on page 167

Rivers

```
L D U O U N Y Y H A L D Q M Z R H K V Z
D V S R G R G X O R A N G E I K K V J A
P I A I A U G A R A R Q N A L D A N S Z
I T S X K L O Y A M O C L I P I M S N H
G I N C I L P R H I H S D B L Z A X A B
A M A Z O N O A O V C G E M M E I G K I
F M K P I R G D R H E K Z U I B T Q E K
O Y R A U L A U U A P N T L I M P O P O
M G A V Q R J M A K G D G O S A Q H P Y
L S D O O L U A I E S U N C H Z V Y G N
Y U Y L I V M S R R D T A E I O D A H E
J Z O G S I R G I T A N Y Y M A N R B L
M C Z A W K F X O D U T A F W G L U S O
R M M I S S I S S I P P I R E I N L O S
N E C N E R W A L T N I A S G A O T N F
V K P G W O L L E Y X Y N M D O H T G F
J O T E M H B W N U E O C Q H B I P H H
R N I Y I E D E C Y K O L Y M A O R U F
O G N O C N W E A U I N D I G I R K A D
A W N K Q D D N Y K D Q Q X W J C B O P
```

ALDAN	INDIGIRKA	PECHORA	VOLGA
AMAZON	ISHIM	PILCOMAYO	XINGU
AMU DARYA	KAMA	PURUS	YANGTZE
ARAGUAIA	KASAI	RIO GRANDE	YELLOW
ARKANSAS	KOLYMA	SAINT LAWRENCE	YUKON
AYEYARWADY	LIMPOPO	SALWEEN	ZAMBEZI
BRAHMAPUTRA	MEKONG	SNAKE	
COLORADO	MISSISSIPPI	SONGHUA	
COLUMBIA	NILE	TARIM	
CONGO	OHIO	TIGRIS	
DANUBE	OLENYOK	URAL	
DNIEPER	ORANGE	VILYUY	
GANGES	PARAGUAY	VITIM	

Solution on page 168

```
B Z K T N A M R O D M O U N T A I N S K
T U R Y E T C N I T X E H C N A L A V A
C R A T E R U P T I O N Y A S H C O N E
P A K Y L T O P S T O H D N A L E C I P
W B A U E S U I V U S E V T N U O M K N
H O T S P O T S D A E H D N O M A I D E
A T O G T V T E C T O N I C P L A T E S
R E A T N E V K U R I N G O F F I R E S
O K T K O J S R E K O M S K C A L B M A
B A F U M A R O L E F I E L D S C Z A L
M L S N E L E H T S T N U O M J A E N A
A O Q Y S P A T T E R C O N E E L G T V
T I O N A C L O V D L E I H S O D R L A
T H A M G A M O U N T R A I N I E R E T
N I Q S W O L F C I T S A L C O R Y P U
U Y E N O C A I R O C S I I A W A H L B
O B U T A N I P T N U O M P K N I T U E
M A U N A L O A Z K C O R N E T L O M S
E M O D A V A L F C I N D E R C O N E H
T K I V T W O L F A V A L A C I N O C K
```

ASH CONE
AVALANCHE
BLACK SMOKERS
CALDERA
CINDER CONE
COMPOSITE
VOLCANO
CONICAL
CRATER
DIAMOND HEAD
DORMANT
ERUPTION
EXTINCT

FUMAROLE
FIELDS
HAWAII
HOT SPOTS
ICELAND
HOTSPOT
KRAKATOA
LAKE TOBA
LASSEN PEAK
LAVA DOME
LAVA FLOW
LAVA TUBES
LOIHI

MAGMA
MANTLE PLUME
MAUNA LOA
MOLTEN ROCK
MONT PELEE
MOUNT PINATUBO
MOUNT RAINIER
MOUNT ST
HELENS
MOUNT TAMBORA
MOUNT VESUVIUS
MOUNTAINS

PYROCLAS-
TIC FLOWS
RING OF FIRE
SCORIA CONE
SHIELD VOLCANO
SPATTER CONE
TECTONIC PLATES
VENT

Solution on page 167

Jungle Safari

```
F N H P P L U I A U C B D E S N E D F D
S B S G O R F Q C A O P R R U M V U I V
R T D K C R E G I T Y M J U A W R M T U
E R O F I P E M R D P A M H S P U O H W
P B J L X K A P F S U Y P Y T H O N T X
I Z D I E N C H A M E L E O N S R E A S
V G T Z M C W I I M P E N E T R A B L E
X N C A G A O L C A T E R P I L L A R E
E Z Z R M A C I R E M A H T U O S T P Z
S D C D T A K P E A C O C K S H K T Y N
R K L S N Q R P P L E A F C A N O P Y A
F S V A E P L I O V B J X N S U S C W P
H F J D M A A N N E X S D W C E K N O M
B L N N N R R E E S W B T A L P P R T I
Y A J O O R U S L N U Y N A G O H A M H
T M N C R O T C I R T S N O C A O B O C
Z A T A I T A E N I U G W E N G X O K Z
P Z S N V S N T Q Y S Q E T A M I L C S
R O R A N G U T A N S R E V I R A B E A
P N V S E L P P A E N I P N X F I H G R
```

AFRICA
AMAZON
ANACONDA
APES
BEES
BIG CATS
BOA CON-
STRICTOR
BRUSH
CAIMAN
CATERPILLAR
CHAMELEONS
CHIMPANZEES

CLIMATE
COYPU
DENSE
ENVIRONMENT
FROGS
GECKO
HUMID
IMPENETRABLE
LEAF CANOPY
LEOPARD
LIZARDS
MAHOGANY
MEXICO

NATURAL
NEW GUINEA
OCELOTS
ORANGUTANS
PARROTS
PEACOCKS
PHILIPPINES
PINEAPPLE
PYTHON
RIVERS
SLASH AND BURN
SOUTH AMERICA
STORMS

TAMARINS
TIGER
TOUCANS
VIPERS

Solution on page 168

Ski Trip

```
B S N O W B I R D N D V P B F B E M H G
A L L K W O M A G I C M O U N T A I N K
B S A I N C F A L L L I N E S K V N Z L
R U E C A F R U S R A L U N A R G G F J
Z C N L K R G O B H E L I S K I I N G F
E J C N C D T S S I E L O D G E P D X B
V K B Q Y R I F D S N D X S G X A O G D
T Z T S E S I A F E C D P D Z H R O N R
N H R E L L L C M O E O I O K F K H I A
O Q A L L P O O N O D R U N T R C T I O
R K V G A E L H P E N O V N G A I N K B
D Y E G V L M T N E E D W A T S T U S W
I O R O N A W A K O S R S N L R Y O E O
C P S G U S I C R X S D G O H L Y M E N
R A E G S D E L T K L K R R S I E F R S
E L R J H R I A G N I H C T A C L Y F I
S P X V B A B A D G E R P A S S H L R K
O I P Q I Y W O L P W O N S J B O O T S
R N B G S N U R E D W O P O L E S A O U
T E Y S L U G O M R E T N I W U Z N T L
```

ALPINE
BADGER PASS
BANFF
BINDINGS
BLACK DIA-
MONDS
BOOTS
BRECKENRIDGE
BUNNY SLOPE
CARVING
CATCHING AIR
CROSS COUNTRY
DEER VALLEY

DOWNHILL
FALL LINE
FREESKIING
GOGGLES
GRANULAR
SURFACE
GREEN CIRCLES
HELI SKIING
JACKSON HOLE
LODGE
MAGIC MOUNTAIN
MASHED
POTATOES

MOGULS
MOUNT HOOD
NORDIC
OFF TRAILS
PARK CITY
POLES
POWDER
RESORT
RUNS
SCHOOL
SKIS
SLOPES
SNOWBIRD

SNOWBOARD
SNOWPLOW
SUN VALLEY
TAOS
TELEMARK
TRAVERSE
VAIL
WINTER
YARD SALE

Solution on page 168

Underwater Expedition

```
C S W O R D F I S H B O H J X Z Y B D H
Z R S S P O N G E S A R E T T O A E S L
X E U I A L E U A C R C O R A L E E M N
C G B D H N Z U U A R Y T W E W A A O I
E N M I U A S K R L A K X E A H N E Y L
O E A N M U U Y C L C I N E O O G K S R
T V R O P T P I H O U L S R F R M E E A
R A I F B I O A I P D L S W U H L L A M
R C N L A L T C N S A E A T C T F P L Q
Z S E A C U C U M B E R S U R S C C I O
I C W G K S O R F X W W G U A M E R O Q
Q S P E R M W H A L E H T O B O T U N F
P E D L E A T H E R B A C K N T A S S X
E N O L A B A L G A E L V F L A C T J Z
P C L A M S H H U S I E R Z D I E A L I
C N O T K N A L P O T Y H P I D A C F A
Y R C E P H A L O P O D S P V E N E O B
X O G S A L M O N D A E H R E M M A H S
A G T X Y P O R P O I S E L R Z N N G V
S F D I U Q S H A R K R I L L G I D H W
```

ABALONE	DIVER	OCTOPUS	SHARK
ALGAE	EEL	PHYTOPLANKTON	SPERM WHALE
BALEEN	EGGS	PORPOISE	SPONGES
BARRACUDA	HAMMERHEAD	SALMON	SQUID
CEPHALOPODS	HUMPBACK	SCALLOPS	STURGEON
CETACEAN	KELP	SCAVENGER	SUBMARINE
CLAMS	KILLER WHALE	SEA CUCUMBERS	SWORDFISH
CORAL	KRILL	SEA HORSE	
CRAB	LEATHERBACK	SEA LIONS	
CRUSTACEAN	MAN OF WAR	SEA OTTER	
DIATOMS	MARLIN	SEA TURTLES	
DINOFLA-	NAUTILUS	SEA URCHIN	
GELLATES	OCEANOGRAPHY	SEAWEED	

Solution on page 168

```
G R H M S T G N I M M I W S S N K L N B
U G R H R E E T I S P M A C W E K V K N
G R N E V O H C T U D A T A O E K B X W
G E N I M R U C O T L Q E N L T C A G Y
H C R C B M S S T W J Y R O L N W K T C
H T N A M M U T E A W S P E A A E C E S
S L A M P H I S C I M G U I M C A O N V
Q S T P T P D L L E N B R N H U T M I G
T L E F O H E D C I S D I G S A H M R I
M A L I H L E L H K J N F O R C E A T O
C M L R C R F S L A C U I X A B R H A V
L I I E N N I R S I E O E E M C G E L E
V N K E O F N O D L N R R G R I L L E R
H A S T P Y K O O O K G N I L D N I K N
J S C R H O T D O G S P I H B V N G P I
L E V A R T E T W S X M S B O A T I N G
P M B I T N K U E S T A T E P A R K S H
P O D L H I C O L N L C R A F T S B H T
A Q I E R A O N Z F T G C W U N I N Z S
E H N R I R P N G V Z W U A Q F A W F Z
```

ANIMALS	HOT DOGS	RAPPELLING	WATER PURIFIER
BOATING	INSECTS	ROCK CLIMBING	WEATHER
CAMPFIRE	KINDLING	SKILLET	WILDERNESS
CAMPGROUND	LATRINE	STAKES	WOODS
CAMPSITE	LOGS	STATE PARK	
CANOEING	MARSHMALLOWS	SUMMER	
CANTEEN	MATCHES	SUN SCREEN	
CRAFTS	OUTDOORS	SWIMMING	
DUTCH OVEN	OVERNIGHT	TENT	
FISHING POLE	PATH	TRAILER	
FLASHLIGHT	POCKETKNIFE	TRAVEL	
GRILL	PONCHO	TRENCH	
HAMMOCK	RAIN	VACATION	

Solution on page 168

Pirate Adventure

```
L B T M A X P F P V E R A I D E R S Y M
M Y S H R I P K D N P I Y Z O C E A N A
T B E U G N B C O C O T S T T I V Y J L
E I T L E I L A W X R N Y I Z K O R X E
V N N D L S F J R A U U N U N U L E G H
O Q V T G A F O I G H H R A M K V B A Y
D I D S E G G C D Y Y E L U C D E B L O
T R R C P R N I G U N P O W D E R O F R
I E U H M P N L B P E T E R P A N R E B
S E N O J Y V A D H Y F G O R G H Y R N
C T K O I H R C T P T H A R J D J I Y N
Y A E N Q B X K R I O R E O W R G G N U
N V N E A S L L E I O O H N I A T P A C
C I K R N A S E D U M N P S N E H A M Y
B R Y I W P L S N Y S I A D V B H R E O
Y P B Q L A L S U I W A N L E K O R R C
X F F A H L C E L L Q R I A L C O O M B
A P S M U A E V P U Z K L L L A K T A V
I H K K R C E R U S A E R T E L W L I J
N S S U U R J L Y M U N O O L B U O D G
```

ALE	GALLEY	PEG LEG	SINK
BARBARY	GROG	PETER PAN	SKULL
BLACKBEARD	GUNPOWDER	PLUNDER	SPLASH
BRIGAND	HOOK	POOP DECK	TREASURE
CALICO JACK	HUNT	PRIVATEER	VESSEL
CANNON	INTERNA-	RAIDERS	WALK THE PLANK
CAPTAIN	TIONAL LAW	REVOLVER	
CRIMINAL	KILLER	ROBBERY	
DAVY JONES	LONG JOHN	ROPE	
DOUBLOON	SILVER	SAIL	
DRUNKEN	MERMAID	SCAR	
FIGHT	OCEAN	SCHOONER	
FLAG	PARROT	SEIZURE	

Solution on page 169

Space Travel

```
N R U T A S U N E V H P P B C X Q U S A
S S E B L A C K H O L E L U S P A C K E
Y N C T K S V A U R S C I E N T I S T S
J O H N S O N S P A C E C E N T E R G N
L I D C B O T E E E W H I T E D W A R F
R T M P Y O O Y I N C L E L E B E M A G
O A B L N O R B F L A A E J S W T E V Z
S C L E O U J O T R A S N C R R U T I Z
A I E U C V G O M E C U H A E S A S T M
T N T R B R E S H O K A R T V Y N Y Y E
E U E N N E T L P N L C I A I E O S A H
L M A M A R N E L L G P O I N Q R R K R
L M D N O L P C E B U L C R U U T A F A
I O D N O X T N L J R H E O D H S L L S
T C G T H M G A L A X Y E N L I A O M A
E H U I T E S P I L C E R A N U L S P U
G L W A R T R O E T E M C X V U M O Q Q
P E Y T O D I S C O V E R Y X E L B S U
V L Q F J I H J N Q I S B V N L N F I R
V C F D U J V Y Q N E G Y X O F U S W A
```

ALIENS	DISCOVERY	MERCURY	SOLID ROCKET
APOLLO	EARTH	METEOR	BOOSTER
ASTRONAUT	GALAXY	NEBULA	TELESCOPE
ATLANTIS	GRAVITY	NEIL ARMSTRONG	UFO
BLACK HOLE	HEAVENS	OXYGEN	UNIVERSE
BLAST OFF	HOUSTON	PLUTO	URANUS
CAPE CANAVERAL	JIM LOVELL	QUASAR	VENUS
CAPSULE	JOHN GLENN	SATELLITE	WHITE DWARF
CHALLENGER	JOHNSON	SATURN	
COLUMBIA	SPACE CENTER	SCIENTISTS	
COMMUNI-	JUPITER	SETI	
CATIONS	LUNAR ECLIPSE	SOLAR SYSTEM	
COSMONAUT	MARS		

Solution on page 169

Cave Exploring

```
C S E V V N Q G L A S C A U X W Y U G K
S R P J O N G T R O G L O D Y T E L S R
T Q A E B R F X U E T I D O H T N A T A
E C U W L I O E P E Y T C A R L S B A D
T R A E L U R N N I X W O O Z I J Y B N
I J O L E I N E Y O T P A R O S K R E Q
T L O C C Z N K B A T C E S G L A I X O
C O N A K I E G I M C S H D M B R N P Q
I P J V W P T S N N A A W E I O S T L Y
L M E E S X A E T M G H V O S T T H O G
E V A C A L L I U G U H C E L P I L R O
H L I M E S T O N E D L B K T F F O I L
N C L I M B I N G T G C O U A V I H N O
C K S Z B O S E I T I V A C J W C S G E
G N I V I D T P M A L N E G O L A H Q L
S P E L E O T H E M S G G C S F T R C E
P Q F S T A L A C T I T E S E S I O A P
O P U N U S T A L A G M I T E R O P E S
H E L M E T A L C O V E Y E T I N A R G
A R I M A T L A I M R E H T O P Y H I V
```

ALCOVE
ALTAMIRA
ANTHODITE
BATS
CALCITE
CARLSBAD
CAVITIES
CLIMBING
COLUMN
COOL
CRAWLING
DARK
DIVING

EXPEDITION
EXPLORING
FLOWSTONE
GRANITE
GROTTO
HALOGEN LAMP
HELICTITE
HELMET
HYPOTHERMIA
JEWEL CAVE
KARSTIFICATION
LABYRINTH
LASCAUX

LECHU-
GUILLA CAVE
LIMESTONE
MAMMOTH CAVE
PITCHES
ROCK PAINTINGS
ROPES
SAFETY
SARAWAK
CHAMBER
SILT
SPELEOLOGY
SPELEOTHEMS

SPELUNKING
SQUEEZES
STALACTITE
STALAGMITE
TOM SAWYER
TROGLODYTE
VORONYA CAVE

Explorers

```
E N A V I G A T O R F R O B I S H E R E
T F O R C W E R D N A Z H E N G H E K N
T R U T E N Z I N G N O R G A Y N A D E
E O E J O H N F R A N K L I N S R N T S
U D T B O J A M E S C O O K S D A T J D
Q A P O L H O C F P X F I E S E E Y T N
R V O H S I O H O A E O M I N L U C K U
A L E E A E G J N R B D C A T R D H C M
M A D N I V D Y D C L N R R I D I A A A
P S M R L O H I E O A R A G Z L S R R L
A N U Y O Y N K H R E B A B S R C L I A
T A N H R A W N F T H G O G C O O E B S
R S D U N G I R I E A P E T P W V S B P
O A H D W E I D S R R N M O O W E W E I
N E I S R S E A I E O X L U D E R I A N
A H L O T M I N O A V O B T H N Y L N A
G T L N E D L O G L E I N A D R K K K M
E Y A M E R I G O V E S P U C C I E E A
R P R S J C A N A R Y I S L A N D S W E
B N Y H P A R G O T R A C O L U M B U S
```

AMERIGO VES-PUCCI
AMUNDSEN
ANDREW CROFT
BARTLETT
CANARY ISLANDS
CARIBBEAN
CARTOGRAPHY
CHARLES WILKES
COLUMBUS
DANIEL GOLDEN
DESOTO
DIAS

DISCOVERY
EDMUND HILLARY
FERDINAND
FROBISHER
GASPAR
CORTE REAL
GENOA
HENRY HUDSON
JAMES COOK
JOHN CABOT
JOHN FRANKLIN
MALASPINA
MARCO POLO

MARQUETTE
MEDITERRANEAN
NAVIGATOR
NEW WORLD
OCEAN
PATRONAGE
PYTHEAS
REINHOLD
MESSNER
SAILOR
SAN SALVADOR
SEAMAN

SIR FRAN-CIS DRAKE
SIR HUMPHREY
GILBERT
TENZING NORGAY
VOYAGE
YURI GAGARIN
ZHENG HE

Solution on page 169

Fishing Trip

```
K C Z R M E H R C D C D N O P E V E R F
S Q X S N F F O P I U I C P O K L E R J
N A N I R W F R T R E E L Z B I P E S F
O I L E R E K C A M A F K I I P S R U T
O S D M D H D M G N I L G N A H R U S W
P R D S O R N A A E A G U N W E G L S I
S R T P E N A X W K A Z S A V N D S C M
Q E B I S R G W E M B N T I I R A E P S
N L A N O I T A E R C E R H L B F Y X C
T B I N O N L N M M R H S A D I L E V C
M I T I C Z A M E E A I H E S I Y L C L
G D A N H R E D E E F G P H K B F L N K
C E Q G O X A J A A E I I T X X I A C N
F L Y R O D G B E M R N S X G R S W R B
Y T U O K M D S P T G K T H N H H E J K
X G E D B A P G S O M A R L I N I I C M
K V X O B E L K C A T U O R T N N G I I
L O A L E R C A T F I S H L S D G H I B
Z T L D G T A O L F E I P P A R C T H D
L F H L B S T B A B N G N S C E E S W F
```

ANGLING	FLY FISHING	OCEAN	TACKLE BOX
BAIT	FLY ROD	PIKE	TROUT
BIG GAME	FRESH WATER	POND	VEST
BOAT	GAME FISHING	RECREATIONAL	WADERS
CASTING	GAME WARDEN	REEL	WALLEYE
CATFISH	HOOK	RIVER	WEIGHTS
CRAB POTS	ICE FISHING	SALMON	
CRAPPIE	LAKE	SNAPPER	
DEEP SEA	LINE	SPEAR	
FISHING	LURE	SPINNING ROD	
EDIBLE	MACKEREL	SPOONS	
FEEDER	MARLIN	STREAM	
FLOAT	NETS	STRIPED BASS	

Solution on page 169

Pioneer Journey

```
A R E L O H C O R R I D O R S E E C L B
T H W I I N D E P E N D E N C E K O P Y
B A F R E M O N T F N V I A R Y L L L I
Y R O T I R R E T I I A D T N R A E E E
P D R S D U N R A R L D E I E T W X P S
R S T T A U A R T P C N T V T I Y K O I
A H W N H C T N T O I S U E S O T L R O
I I A A O N R A L P E O R A N E I Q X B
R P L R O U E O E D C I N M I T C F N T
I Z L G B R N N T N V D I E A A N O E R
E V A I G I O S A E C G S R T G O R M O
W W W M Z L E V R L R A Y I N S G E N F
Y Z A E O F T E A A K T W C U L E G I O
O S L F I R V R T S R D H A O I R O A R
M J L N O I K E A E T X E N M V O N T T
I M A F R Q S R E L T T E S Y E U T N H
N M Z R E D B U T T E S L Y K D T R U A
G K A N T E L O P E S F S H C R E A O L
I E D U N G R E V I R I R U O S S I M L
B A C O N G R E E N R I V E R S Q L H T
```

ANTELOPE	FORT VAN-	MANIFEST	ROCKY MOUN-
BACON	COUVER	DESTINY	TAINS
BEAR RIVER	FORT WALLA	MIGRATE	ROPE
BURNT RIVER	WALLA	MISSOURI RIVER	ROUTE
CART	FREMONT	MOUNTAIN MEN	SETTLERS
CHOLERA	GREAT PLAINS	NATIVE AMERI-	SOLITARY TREE
COLONIZE	GREEN RIVER	CANS	TERRITORY
CORRIDOR	HARDSHIP	NEBRASKA	WAGON TRAIN
DEVILS GATE	IDAHO	OREGON CITY	WALK
DUNG	INDEPENDENCE	OREGON TRAIL	WHEELS
EMIGRANTS	LEWIS AND	PLATTE RIVER	WYOMING
FORT BOISE	CLARK	PRAIRIE	
FORT HALL	LONE PINE TREE	RED BUTTES	

Solution on page 169

The Wild West

```
T I U C S I B T U Q J E S X V J R L F T
F H C O M S M Z O H D A K T R Y K R E J
V J G E P Z E M S I X S H O O T E R N X
Z Y T I C S A S N A K E Y I M O R C C G
H X O R F D S E R E E T B W D A B H E H
J F D I B N L E R O I T I E I E D I S S
M B R A W L U O R C H L O N D C G S L F
L A R R O C U G E P D E Q Y N R B H R I
P Z L P T N C G P W X M D Z O R O O L R
D W C S D W D H E I R E A V E C N L B E
F J V U E O Y S U M S N Y E V T I M L A
S E P E D T T H B C E T D N I B K T Y R
H A P R E W S V H G K S O E O N I R H M
A N L E P O U V R E R W R L I P T A J A
R S A L M C D E V E A P A A R U P I F F
N X I G A I Y U L T F F T G A V S L G C
E T N N T D I T E E F N A E O P F B Y N
S Q S A S L S R L U U N N L U N X U W D
S T I R R U P S B O P E N R A N G E S K
K X P W R X R C M J G F S R D Z Z F D I
```

BEDROLL	DUSTY	OPEN RANGE	WATER
BISCUIT	FENCES	PISTOL	WILD WEST
BOOTS	FIREARM	PLAINS	WRANGLER
BRAWL	FRONTIER	PONY EXPRESS	ZANE GREY
BREEDS	GENE AUTRY	PRAIRIE	
BUFFALO BILL	GUNFIGHT	ROUNDUP	
CHISHOLM TRAIL	HARNESS	RUSTLERS	
CHUCK WAGON	HIDE	SETTLEMENTS	
CORRAL	HORSES	SIX SHOOTER	
COW TOWN	JEANS	SPURS	
COYOTE	JERKY	STAMPEDE	
DALLAS	KANSAS CITY	STIRRUPS	
DODGE CITY	MOUNTAIN	TERRAIN	

Solution on page 170

Trekking

```
H P K S T S V O R R R B S G T V V E F R
M E L R S D R R A M A P N O H C N O P E
B Z A W Y R E N E C S I P G M Q O L X T
B I W D P A J T G G B O N M W D C F P A
L R E N L Z I S N M G W E F I L D L I W
J N D A E A W R I R E T E M O D E P T Q
L X I I G H M L A W H G F C K R I N N W
S C S R G P C P R A W H I S T L E Y I C
O R K T N T H G I L H S A L F L A S A I
X X C S I Y B A C K P A C K L W D E T C
H J O E K K F G V I S T A E F O A H N U
C T S D L C D N W N P J P O B U Y C U D
R P A E A E C I S G G E T O G W H T O Z
K S E P W L O D A S R H O P J S I A M C
A B W P E L M A P T G T E F I N K M S U
L L B L C P P W C I S U N S C R E E N U
E T P A A H A E R C Z R U N N I N G A I
K G C N R O S E W K E S I C R E X E C B
E R U T A N S E O H S O P F M J G G K Q
A W L S I E T F M E L V I B I T E I S J
```

BACKPACK	HEADLAMP	RAIN GEAR	WADING
BOOTS	INSECT REPEL-	RAINFOREST	WALKING STICK
CELL PHONE	LENT	RIGHT OF WAY	WATER
CLIMBING	KNIFE	RUNNING	WHISTLE
COMPASS	MATCHES	SCENERY	WILDLIFE
DAY HIKE	MOUNTAIN	SHOES	
EXERCISE	NATURE	SIDEWALK	
FIRST AID KIT	PATH	SNACKS	
FLASHLIGHT	PEDESTRIAN	SOCKS	
FOOD	PEDOMETER	SUNSCREEN	
GAIT	PLANTS	TOPOGRAPHY	
GPS	PONCHO	TRAIL	
HAZARDS	RACE WALKING	VISTA	

Solution on page 170

By All Means

```
A B T R A C T O R C G H I Q Z T G H A M
N Y A L L T E R R A I N V E H I C L E O
Q L O T S E D A L B R E L L O R V S N N
C D B R E T P O C I L E H L T T U U D O
A Z W A T G M F A P S I A Y A W B U S R
G C O K A R L V T T X V M I I M N P I A
H R R O K F O E L M D K C P R E A A P I
F O I G S O R L M L X A R H B P H Z E L
E C H S R N S I L A O R O U A C L L T V
R K T H E Z K B C E C C G R L R I A T D
R E D I L G A O A Z Y G O E L B I R N D
Y T X P L S T M R J Y C E M O I A O L E
S A M Z O C E O R A G H A M O M A F T L
T Y I E R O B T I K W R W R N T O R L S
U L N L Q O O U A A L O D N O G I P N G
X I I C S T A A G K N V B Z X J G V E O
L F V Y T E R D E S S T R O L L E R E D
S W A C W R D Q X W U E M O H R O T O M
R U N I C Y C L E L C Y C I R T R U C K
Z L B B F Z H Y D R O F O I L G U J X E
```

AIRPLANE
ALL TERRAIN
VEHICLE
AUTOMOBILE
BICYCLE
BLIMP
BUS
CAMEL
CARRIAGE
CHARIOT
DOGSLED
DUNE BUGGY
FERRY

GLIDER
GO KART
GONDOLA
HELICOPTER
HOT AIR BAL-
LOON
HYDROFOIL
ICE SKATES
LLAMA
LOCOMOTIVE
MINIVAN
MONORAIL
MOPED

MOTOR HOME
RAILROAD
ROCKET
ROLLERBLADES
ROLLER SKATES
ROWBOAT
SCOOTER
SHIP
SKATEBOARD
SNOWMOBILE
STROLLER
SUBWAY
SUV

TAXI
TRACTOR
TRAM
TRICYCLE
TROLLEY CAR
TRUCK
UNICYCLE
WHEELCHAIR

Solution on page 170

Boats

```
F D D E Q R C T F I V N Y C C S F M A D
C U T T E R L O R P R E G G I R T U O R
R G W M U R I K R A L I F E R A F T R X
H L W I J O P N W D W X T A O B L I A S
C E S P W P P U Y D H L Z B Z M V W A T
U E I K S T E J J L R T E Z A E A I H I
R S U B M A R I N E J S E R R V R Y S T
E K S Y D R T G N B U O M B E C D R U A
L I V V W A A O B O N V O R R R D O P N
A F Y B O I O T H A I A U A O P B D C I
H F H B H H B A C T T N F F O A R T A C
W V G M C T G O P O N T O O N B O A T E
K U N S T A N B K E C I L U F Q P O A K
T S I T E N I W R A L S R E J Z S B M W
Q A D E K K H O R E Y O R T S E D D A H
I H G A Y E S R B O K A C D S H K E R U
T I K M F R I G A T E W K H R R I E A L
T Q R E G E F E R R Y B O A T P N P N L
P U U R R Z Q G G O N T A O B I K S H A
X T G G B M M A E K S B R A J T L H O H
```

AIRCRAFT	FERRYBOAT	RIVERBOAT	TRAWLER
CARRIER	FISHING BOAT	ROWBOAT	TUGBOAT
ARK	FRIGATE	RUNABOUT	WAVE RUNNER
BARGE	HOUSEBOAT	SAILBOAT	WHALER
BATTLESHIP	HYDROFOIL	SCHOONER	
CANOE	JET SKI	SKI BOAT	
CATAMARAN	JUNK	SKIFF	
CLIPPER	KAYAK	SLOOP	
CRUISER	KETCH	SPEEDBOAT	
CUTTER	LIFE RAFT	STEAMER	
DESTROYER	OUTRIGGER	SUBMARINE	
DINGHY	PADDLEBOAT	TANKER	
DORY	PONTOON BOAT	TITANIC	

Solution on page 170

Bus Ride

```
U J L V T Y K O C N K Y T P L S Z Z D V
K S V W T E L U D E H C S U B R U O T V
R Y T I C R E T N I C I S H A F I W B S
O A R Z B U A T T I S N A R T L A C O L
R W O R U T O N U C A E J T I C K E T B
H L L R U R D E S O O R Q N S Q H F O S
M I L Q R A E F D F R M E E N I L K P U
Z A E N O P L K D S E K M I A M R O E B
P R Y R Z E B U C V C R W U R E B F D E
L T S C W D A G X E K H P O T S S U B L
W A J M C N T X D E D C O L C E M S V T
N X E X P R E S S T O E E O I T R U D T
N E L B A N M V N A P H L U L N E B N U
D L C E S O I F C T S J O B B E D R U H
U J I N S I T H A S V R B N U K I E O S
B A H C E T V D U R T X S O P O R T H W
W D E H N A S B O E E W E U A T D R Y C
F L V E G T I P M T P L A V I R R A E H
D H F S E S U B I N I M T X V L D H R Z
I X Y L R Q L D R I V E R D I Q S C G I
```

ARRIVAL	FARE	SCHEDULE
BENCHES	GREYHOUND	SCHOOL
BOARD	INTERCITY	SEAT
BUS SHELTER	INTERSTATE	SHUTTLE BUS
BUS STOP	LINE	STATION
CHARTER BUS	LOCAL TRANSIT	TICKET
COACH	METRO	TIMETABLE
COMMUTER BUS	MINIBUSES	TOKEN
DEPARTURE	PASSENGER	TOUR BUS
DEPOT	PUBLIC TRANSIT	TRAILWAYS
DOUBLE DECKER	RIDER	TRANSFER
DRIVER	ROAD	TROLLEYS
EXPRESS	ROUTE	VEHICLE

Solution on page 170

Airport Codes

```
G U I T L D Z A H F K R Y D E V I N Z Z
P O N V U M K L B N O C L O K C V P H K
Q T K D U V C V M K M L X S M G E W S I
M B D H W R Y N T F O S E D B M L I L M
L O W A I A N B H V Q O W J I Z Y G C D
M E L I Q F D B U H G M A F N M A V A F
X D A K L A D H M G W R W K D E T C X X
O E E C I X P L J Z X I O C A M L A A S
A L F E E N I T J U B C R K I T N L S T
M J X M H C I S R O M A K A F W H E F O
P M K H X P F W G H M E X S A C R Y D Y
F W W J G F O C B Q S R I L P S O P S R
E C U O T F N U N S Y J E Z N N F G M K
G J U J N L R J A Y L H C P A U L Q F A
K G Z E B O I X C B I X C U U A A Q M Q
C Y R O D W T D N H R Y X E K D R U E
M H O C B S W R M P K R Y F X L P N Z B
K L L C M Q O C X V G W H W N C D E Q F
V Y E N Z X C P F C L H S J D V A X P E
D O Q Q A V P I X K A M E B K Y R R N X
```

ATL BGR BHM BNA BOS BUR BWI CLT CVG DCA DFT DFW FLL
HNL HOU IAD IND JFK LAX LGA MCO MDW MEM MIA MKE MSY
OAK OGG OKC OMA ORD PDX PHX PIT RIC RNO SAT SDF SFO
SJC SLC SMF STL TPA

Solution on page 170

THE EVERYTHING TRAVEL WORD SEARCH BOOK • 103

At the Airport

```
H C S H O R T T E R M P A R K I N G R G
E A B A G G A G E C L A I M B A O N S N
C R N T N A R U A T S E R W Y O I C C I
I G M G A T E V P O H S T F I G T U I K
L O E R A P C O N C O U R S E N A S N R
O X T D E R J A I R C R A F T X I T A A
P R A E H E P O H S E E F F O C V O H P
L A L D O U T H G I E R F V A I A M C M
T Y D N T D R A U G Y T I R U C E S E R
A M E A E L C I H E V Y C N E G R E M E
I A T T L S R O T A L A C S E S B U H T
R C E S S R Z C O N T R O L T O W E R G
L H C E H A X S S A P G N I D R A O B N
I I T N U D L W M A I N T E N A N C E O
N N O I T A M R O F N I R O T I S I V L
E E R Z T R F T L E B R O Y E V N O C F
S E N A L P R I A G E E L E V A T O R S
C G U G E G A G G U L Z D E I C I N G Z
E D E A S K Y C A P S Y A W I X A T O M
T E R M I N A L W A L K W A Y A W N U R
```

AIR TRAFFIC	CUSTOMS	LONG TERM	SHORT TERM
CONTROL	DEICING	PARKING	PARKING
AIRCRAFT	ELEVATORS	LUGGAGE	SKYCAPS
AIRLINES	EMERGENCY	MAGAZINE STAND	TAXIWAY
AIRPLANES	VEHICLE	MAINTENANCE	TERMINAL
AVIATION	ESCALATORS	MECHANICS	VISITOR INFOR-
BAGGAGE CLAIM	FREIGHT	METAL DETECTOR	MATION
BOARDING PASS	GATE	POLICE	WALKWAY
CARGO	GIFT SHOP	RADAR	X RAY MACHINE
COFFEE SHOP	HANGAR	RESTAURANT	
CONCOURSE	HOTEL SHUTTLES	RUNWAY	
CONTROL TOWER	HUBS	SECURITY GUARD	
CONVEYOR BELT			

Solution on page 171

Baggage Claim

```
V E I G M T E S L B O D D P N Z R L T V
D L Q U W Q B J Z P A C K A G E N E S L
R L I T V X N R X H S D F H K N H S E Q
G T R Q K U V J I Z A P C C Q H O U H E
S R Z E B O Z T L E B R O Y E V N O C X
A U F W M X J Y H C F L F T S O L R I O
C N I Z H A B R H S T C E M Y L C A E K
K K U T P Z E C L O T H A R W L G C S V
Q O Y T C V X T O T E R R S X O A E T A
F E L Y O A O F S L E A T H E R I G O U
D U G G A T S Z Q V C Z W F T J G A R E
E X C T E C R E L D N A H E G A G G A B
L R G T Y F A S T E N E R J R A T G G D
E L M A U W K R X K U F W M B E A A E P
E K A Q B U Y Y P R R L E L I B P B M Z
H F G D P M B X Y E N N E U T B C P H C
W C I Q L D Y J I H T F L I Z N P U I H
P O W U G O H G X B F B K I J Q J S E Z
O D U G I R H J A U K C A P K C A B Y Q
F A V D C T V G D U P R I G H T F D W K
```

BACKPACK
BAGGAGE
CAROUSEL
BAGGAGE
HANDLER
BRIEFCASE
CARPET BAG
CARRY ON
CART
CHEST
CLOTH
CONVEYOR BELT
DUFFEL BAG

FASTENER
FOOTLOCKER
FREIGHT
GARMENT BAG
GYM BAG
HOLDALL
KIT BAG
LEATHER
LOST
OVERHEAD
PACKAGE
ROLL
SACK

STEAMER
STORAGE
SUITCASE
TOTE
TRUNK
UPRIGHT
WHEELED
ZIPPER

Solution on page 171

Bicycles

```
Q U E Y K B T H G I L L I A T A N D E M
O Y E L C Y C I R T E J S H E L M E T Q
Q O N R O H U A M S F R G U R E D N E F
I J A D N B C Q C L E I Y K S P O K E S
T N D K A I Q O V T L I H R S I T E L N
K C O L N S O A F D T A E S S Q Y L I J
P D S G E T L I A E E N E N R T D A G I
R U E P E V H E B R A K E S O A H E H G
W A A R E S H M R C I P K E T C E A T W
S H B C A E L D D A S R C I C S N G S Z
G X E S A I D L H U O L V N E D M P C H
T I R E S R L O S F I J Z N L R B I G Z
O I Y L L O R L M P M S G E F A H T R Y
N W N X I S R I E E Q L B R E U R R E K
F V A A J S E C E U T A W T R G I L X D
G R Y I Y E L F G R R E W U A D L P H W
K I O C M C I J R S S U R B E U U X W I
K P T A I C A L I P E R S E P M C N R D
T B R O D A R Y P G S U Z H P R U E L Y
P F L T B N T X S J E D I Z F X O Y C I
```

ACCESSORIES	GRIPS	RIDE	TOE CLIP
AXLE	HANDLEBARS	RIMS	TRAILER
BRAKES	HEADLIGHT	ROAD	TRICYCLE
CALIPERS	HELMET	SADDLE	VALVE
CARRIERS	HORN	SCOOTER	WHEEL
CHAIN	INNER TUBE	SEAT	
CRANK	LIGHTS	SHIFTERS	
CROSS BAR	LOCK	SPEEDOMETER	
DERAILLEUR	MUDGUARDS	SPOKES	
FENDER	PULLEY	SUSPENSION	
FORKS	PUMP	TAILLIGHT	
FRAME	RACING	TANDEM	
GEARSHIFT	REFLECTORS	TIRES	

Solution on page 171

Makes and Models

```
F K Q J Z G P Y A C U R A C T D X F N Y
P F B O B R D R I B E R I F C Z T R D M
L R U K S B E R T M T A U R U S U A I O
W G I J T S L L M L T O Y O T A K M T G
M C C U C A A U S W E S J W E T A B J Y
J A K O S I H L D Y V D S C D L E L E S
C M R D U L M O T R R P O R S C H E S U
E R E Q S G A B E U O H X M E X W R W N
Z Y W H U E A J Q L C F C Q L C Q Q W B
H L R R N I T R A M N O T S A D N O H I
I E O E F D S R E G N E L L A H C N A R
T W R T K A T F I T H U N D E R B I R D
L A M B O R G H I N I A O O S X N V O B
C A C X A T O N P N H C L H K V U R M Y
V S F B V S E Y F B A D A L Z U A S N M
F G Y V O N E I W M E R L R O M Y Y I J
D C O L T B N L A E R O S T A R E C A P
A Z U A A I B Z U N N C B C O V O P D R
L Y L E T B D W E M F C O R T S A C J T
L U M I N A V O L D J A G U A R B N W B
```

ACCORD	CONTINENTAL	LAMBORGHINI	SUNBIRD
ACURA	COROLLA	LESABRE	TAHOE
AEROSTAR	CORVETTE	LEXUS	TAURUS
ASTON MARTIN	COUGAR	LUMINA	THUNDERBIRD
ASTRO	CUTLASS	MARQUIS	TOYOTA
BOBCAT	DART	MAZDA	YUKON
BUICK	EDSEL	MODEL T	
CAMARO	FIREBIRD	NEW YORKER	
CAMRY	FORD	OMNI	
CARAVAN	HONDA	PACER	
CHALLENGER	HUMMER	PORSCHE	
CHRYSLER	INFINITI	PRIUS	
COLT	JAGUAR	RAMBLER	

Solution on page 171

Auto Parts

```
Y B C T S N O I S S I M E I T U N E U P
B G A S K E T S D W D A S H B O A R D A
G N I T A E H T S E R D A E H S C J U R
R R E S T R E D N I L Y C C Z H R V P K
E O D F U E L P U M P N K V C O O P H I
T T A I E S R F U E L I N J E C T I O N
E A A I F N P Y I T K A A O N K E S L G
M I L L R F D E T S H C R I M A R T S L
O D S T P C E E N Y E A C N U B U O T I
H A N I E H O R R S R R I T L S B N E G
C R I D S R C N E G I G I R O O R S R H
A E A O E S N T D N N O G T C R A T Y T
T P H O A E A A U I T R N A G B C A S R
G M C H T A E H T L T I O N N E A R H A
Z U G B B T H I C O C I A H I R M T O N
D B N U E S O L B O R D O L R R S E C S
A J I M L N S P A C B U H N E T H R K A
P P M E T S Y S T S U A H X E N A C S X
L W I P E R M O T O R B R E T R F N H L
M C T L R E T E M O D E E P S K T J K E
```

AIR CONDITIONER
ALTERNATOR
BATTERY
BUMPER
CAMSHAFT
CARBURETOR
CHASSIS
CLUTCH PLATE
COOLING SYSTEM
CRANKCASE
CV JOINT
CYLINDER
DASHBOARD

DIFFERENTIAL
EMISSIONS
EXHAUST SYSTEM
FENDER
FUEL INJECTION
FUEL PUMP
GASKETS
HEADREST
HEATING
HOOD
HORN
HUB CAPS
IGNITION

PARKING LIGHT
PISTONS
RADIATOR
SEAT BELT
SEATS
SHOCK
ABSORBER
SHOCKS
SPEEDOMETER
STARTER
STEERING
COLUMN
SUSPENSION

TACHOMETER
TANK
TIMING CHAIN
TIRES
TRANSAXLE
TUNE UP
UPHOLSTERY
WIPER MOTOR

Solution on page 171

```
U Z I M R S Q S A F E T Y R A T I N G T
N P H N H T G E L A S E T A V I R P R E
O K A E V I R D L E E H W R U O F A I P
I Q J Y H C D M W G J E K X K P D J E U
T Y M U M K P D H V W K C V M E C C S O
C R E L A E D R E R Q A U U I R O L O C
U U H E O R N V E N E M R N L A N C Z G
A X C N S P I T L O F B T R E T V D D M
U U R O E R X M D A W E A M A I E I R R
T L A I D I S W R D D N E T G N R R F E
O I E T A C N G I Y Y W E S E G T B V M
M C S A N E N A V I N I M D R C I Y F O
A E E R F U E L E C O N O M Y O B H X D
T N R T U R N I N G R A D I U S L K F E
I S F S G I N T E R E S T R A T E E M L
C I G I N O G A W N O I T A T S N J A E
C N E G O T I A T E O F U E U H L U S O
A G D E L B A D R O F F A O R S N A V E
N O S R E P S E L A S E R U T A E F M T
V W E D D T V A K C D V O D M L L D F E
```

AFFORDABLE
ALL WHEEL DRIVE
AUCTION
AUTOMATIC
COLOR
CONVERTIBLE
COUPE
DEALER
FEATURES
FOUR WHEEL
DRIVE
FUEL ECONOMY
HIDDEN FEES

HYBRID
INTEREST RATE
LEASE
LICENSING
LUXURY
MAKE
MANUAL
MILEAGE
MINIVAN
MODEL
NEGOTIATE
OPERAT-
ING COSTS

PAYMENT
PREOWNED
PRIVATE SALE
REBATE
REGISTRATION
RESEARCH
SAFETY RATING
SALESPERSON
SEDAN
STATION WAGON
STICKER PRICE
TEST DRIVE
TRADE IN

TRUCK
TURNING RADIUS
USED
WARRANTY

Solution on page 171

Ports of Call

```
Y I O E T O K Y O B U R N I E E F A W K
V B F N W P A P E E T E A E C G P B Y L
C V F A H W S D U T C H H A R B O U R D
O C O U G A I K R B G K A T A K O L O N
O U K A I A H H O N B P U Y M A L A G A
K E K P L N A D A R I X O S K O D I A K
T S A E K K R H H M F F D R A X C M L I
O N D S O U S V S G I S N G T D O H A H
W A L D M S X B V S G J U I Y K A U L C
N E A E O A Z E L A T R O F J G L S F T
V T L U D X N A C A A Y S W N N A A I E
E O M L O M N I O C G I D A I Y A N N K
L L V U I D N A L S I N R I A C T I P G
U S T V S N E E O A K U O D Y H H A T D
B U C N L C G Q M S A A F T N C I H L M
N E U C A K A T B T S E L E O A R A G O
A A Q J N M V T O O A N I C B R X L H S
T R S Y D N E Y P N G U M M I H A E F A
S I N G A P O R E K A J U D G M T R L K
I P W U V Q H E F H N M D N A L K C U A
```

ADELAIDE	HAKODATE	MUMBAI	SKAGWAY
ALEXANDRIA	ISTANBUL	MUSCAT	SYDNEY
AUCKLAND	IWO JIMA	NAGASAKI	TAURANGA
BAY OF ISLANDS	JUNEAU	OSAKA	TIANJIN
BODRUM	KATAKOLON	PAPEETE	TOKYO
BURNIE	KETCHIKAN	PHUKET	WELLINGTON
COCHIN	KODIAK	PIRAEUS	
COLOMBO	KOMODO ISLAND	PITCAIRN ISLAND	
COOKTOWN	KUSADASI	PORT KLANG	
DOHA	LAHAINA	RAROTONGA	
DUTCH HARBOUR	MALAGA	SAIPAN	
FORTALEZA	MANILA	SHANGHAI	
FREMANTLE	MILFORD SOUND	SINGAPORE	

Solution on page 172

Sail Away

```
D K S K O K K C R V X U H O S B P F I Q
G T X R N L E E K P O R D W A C K E O R
C W V U I P G N G I A Y S I C N D X A Q
P S L R A A J T F C M B E N Q N B Q L G
N D I R T E L E E K G N I D I L S C Z K
T K Z T P S H R W X I L Z J M I A J E M
J M A O B T W B D N L I R A Q T F E O X
W Y R O R E L O U R M A O M A O L N C Y
N D A E S R M A S T A S M M R S O N E J
K T B T K N B R F W K O A E A H G Y A L
K O E S S A C D G K C R B R U A P T N G
L N R J L N N N R L A D K L L M O R Z W
K I C L J F I N N N T Y L L I V O I K W
K T A L E G M A I N S H E E T A L M C R
E S K S G D U Q M P N Y S Y R P S A O L
T M W I P T I S J K S T A R B O A R D G
C Q R K I O D B W N R C V F I R M A E I
H B F C U T T E R O H A N D T T O N O H
B J A S V T H C C T X Y A W L B O W O A
Q L O S L P H I X K F R C W H A B D G P
```

AFT	FORE	NAUTICAL	TACK
BALLAST	GALLEY	OCEAN	TOPSAIL
BERTH	GENOA	PORT	TRIMARAN
BOAT	HYDROSAIL	RADIO	WINDJAMMER
BOOM	JENNY	REGATTA	YACHT
BOW	JIB	RIGGING	YAWL
CANVAS	KEELS	ROPE	
CATAMARAN	KETCH	SAILBOARD	
CENTERBOARD	KNOT	SLIDING KEEL	
CUTTER	MAINSHEET	SLOOP	
DECK	MAINSTAY	SPINNAKER	
DOCK	MAST	STARBOARD	
DROP KEEL	MONOHULL	STERN	

Solution on page 172

Trains

```
Q S I E H N N O I T A T S L U G G A G E
W D L B X J E X H T U N N E L A N G I S
M R R P G M O G Y A W B U S W I T C H O
O M A F R B I B L A R T N E C N N E P O
N B A C E E P O T S E L T S I H W J F B
O O N R R G E L U E W M R O F T A L P A
R N I F T O R N R N M E G N I S S O R C
A F A T C K T A I I I O K B C C B L A A
I I R D C V H A I G L O D A A V I M L V
L A T L B N O P R N N C N E P Q T N O X
H C T L E Q U H U E C E O P L R A C C A
E R E P P O H J C L G A C N A R L Q O C
A E L U D E H C S E A I R K R C S L M A
R O L L E R C O A S T E R O T A I F O B
X C U L K M A G L E V F W F N N I F T L
E L B A T N R U T I I G T I E S G L I E
R E H C T A P S I D A I G S C R B R V C
R Q M B P C O N D U C T O R G U D Z E A
Y S T E A M E N G I N E P M A I L C A R
R A C R E P E E L S R E G N E S S A P K
```

AMTRAK
BULLET TRAIN
CABLE CAR
CABOOSE
CENTRAL PACIFIC
CONDUCTOR
CONRAIL
CROSSING
DIESEL ENGINE
DISPATCHER
ENGINEER
FIRE BOX
FREIGHT

GRAIN CAR
HOPPER
JUNCTION
LINES
LOCOMOTIVE
LUGGAGE
MAGLEV
MAIL CAR
MODEL
MONORAIL
NARROW GAUGE
PASSENGERS
PENN CENTRAL

PLATFORM
REFRIGERA-
TOR CAR
ROLLER COASTER
SCHEDULE
SIGNAL
SLEEPER CAR
STATION
STEAM ENGINE
SUBWAY
SWITCH
TIES
TRAM

TUNNEL
TURNTABLE
UNION PACIFIC
WHISTLE STOP

Solution on page 172

Up in the Air

```
H L C M K L R A I R C U R R E N T L K T
E N I G N E H A N G G L I D I N G O L T
A O S O D E S R E Z I L I B A T S P E B
D M Z D N E A I R S P E E D J H D L O P
S I U P R O T A G I V A N R O D T V K B
E R R Y S N I L E P P E Z T A T E B L P
T G N I V I D Y K S T C A K U R O I A R
U E G A G G U L E T P I M H H A M R A T
R E T E M I T L A Y R V S E R P A W F T
B N G Z V E B T J B V E A D I S T I L A
O O T A K B H L A L C D I L A O R N A P
P Y O C L G L L E A B N L I L S E D P U
R R O U I E L A P I G O L I T E T O S C
O R O L R O S S N P W I P C I G P W J O
P A F P O R H U A K N T L K T A O O W A
P C T N E L Q S F G E A I C U R C M I C
D O J D L L S I J H S T A A D E I S N H
S E I V O M L T A S U O T N E V L S G J
U L B U S I N E S S C L A S S E E R S V
G O U M V L D J R N Q F A H V B H S Y S
```

AIR CURRENT	ENGINE	HOT AIR BAL-	SKYDIVING
AIRSPEED	FIRST CLASS	LOON	SNACK
AISLE	FLAPS	JET	SPACE SHUTTLE
ALTIMETER	FLIGHT ATTEN-	LUGGAGE	STABILIZERS
ALTITUDE	DANT	MOVIES	TAIL
BEVERAGES	FLOTATION	NAVIGATOR	TURBOPROP
BLANKET	DEVICE	OVERHEAD BIN	WINDOW
BLIMP	FUSELAGE	PARASAILING	WINGS
BOARDING PASS	GLIDER	PILLOW	ZEPPELINS
BUSINESS CLASS	HANG GLIDING	PILOT	
CARRY ON	HEADSET	PROPELLER	
COACH	HELICOPTER	ROCKET	
DIRIGIBLE		RUDDER	

Solution on page 172

Places Around the World

```
E K I Z M U E G D I R B N O D N O L I E
I R B B U C K I N G H A M P A L A C E D
F M P Z T F S R Z P D C J V R R H H L A
F D W W R E L L H A N D E S D M W I P N
E Y A F E E L L I C S N G E H I E C M U
L T R O S R A A M I L P H U R S S H E B
T R T R E R F W A F L T J D U S T E T E
O E B B D E U N L I A A T O P I M N U R
W B U I A I S I A C F M H M G S I I Z I
E I R D R R S L Y O A A E E L S N T I V
R L G D A R A R A C R Z C O O I S Z M E
A F C E H A U E S E A O O F B P T A O R
I O A N A B G B P A G N L T E P E I Y A
L E S C S T I O M N A R O H T I R R I U
A U T I E A Y D M E I I S E H R A E K Q
R T L T H E J A R S N V S R E I B B V S
T A E Y N R P V K Y X E E O A V B I W D
S T F D E G U X W H D R U C T E E S Z E
U S Y L H O O V E R D A M K E R Y R M R
A S G J L G I B R A L T A R R O C K O Y
```

AMAZON RIVER	GLOBE THEATER	SAHARA DESERT
ANDES	GREAT BAR-	SALISBURY
AUSTRALIA	RIER REEF	CATHEDRAL
BERLIN WALL	HIMALAYAS	SIBERIA
BUCKING-	HOOVER DAM	STATUE OF
HAM PALACE	IGUASSU FALLS	LIBERTY
CHICHEN ITZA	KIYOMIZU TEMPLE	SYDNEY OPERA
DANUBE RIVER	LONDON BRIDGE	HOUSE
DOME OF	LOUVRE	THE COLOSSEUM
THE ROCK	MISSISSIPPI RIVER	WARTBURG
EIFFEL TOWER	NIAGARA FALLS	CASTLE
FORBIDDEN CITY	PACIFIC OCEAN	WESTMIN-
GIBRALTAR ROCK	RED SQUARE	STER ABBEY

Solution on page 172

Wine Country

```
Y E A S T S I L B A H C A B E R N E T X
G R E N A C H E W O Y B O R D E L A I S
V D E S S E R T W I N E E N W V W G J E
I R W N O I T A C I F I N I V N Q L R I
N A G N I K A M E N I W O Z Y H T U T S
T Y N I K W L G N M H U L P X C T N O P
A E I C C S A U V I G N O N B L A N C A
G N T U U L S I T I H R G O U I O A H R
E I S R D A R E B D T N Y C H M S P A K
C V A R D V A Y T M P A I C A U Y A R L
N M T A L I M C R J U T L V B A Y V D I
A P I N O T N O I R I L A Y U R Z A O N
R C R T C S H K E V E L O M R F I L N G
F Q Y R R E B K C A L B D C G B N L N S
F O R T I F I E D E F U R H U E F E A H
T N E M R E F L Y G R A P E N I A Y Y E
W O O D I N V I L L E B L K D L N T J R
A C F M S I R U O T E N I W Y L D Q C R
M A O P B W F H L C L O G A N B E R R Y
P A L A T E J W R Y Y R R I E S L I N G
```

BLACKBERRY	FERMENT	RIESLING	WINE FESTIVALS
BORDELAIS	FORTIFIED	SAUVIGNON	WINE TOURISM
BURGUNDY	FRANCE	BLANC	WINEMAKING
CABERNET	GRAPE	SHERRY	WOODINVILLE
CHABLIS	GRENACHE	SONOMA VALLEY	YEAST
CHARDONNAY	ITALY	SPARKLING	ZINFANDEL
CHIANTI	LIEBFRAUMILCH	TASTING	
COLD DUCK	LOGANBERRY	TAWNY PORT	
COLUMBIA	MARSALA	VINEYARD	
WINERY	NAPA VALLEY	VINIFICATION	
CURRANT	OENOLOGY	VINTAGE	
DESSERT WINE	PALATE	VITICULTURE	
ELDERBERRY	PINOT NOIR	WHITE	

Solution on page 172

Broadway

```
I A E A M A J E S T I C T H E A T R E W
V N E N M E E N M J Z F O F R C S J S X
G N S N A B G Í I A I I L I T T I E B Z
Y E W I R B A L S M W D E U A D N E D E
G B W E E J P S S O E D M C E I A Y R R
L A A C P I E U S H H L A E H U M E E O
A N I I O M N R A A T E C Y T L A L I M
S C T N E P I O I L D R R Y T E N I V Y
S R I T H E D H G K M O A N S S O Z I R
M O N O T R L C O O G N R O R M F A L R
E F G T F I A A N E D T T T U I L B O A
N T F H O A R D R T M H O S H S A E E B
A E O E M L E G H Y U E N R D E M T C L
G R R W O T G E B K S R Y E A R A H N E
E A G O T H B I R R I O A T O A N T E H
R B O O N E U E U O C O W A R B C A R T
I A D D A A N I K Y A F A W B L H Y U E
E C O S H T O B F W L U R M W E A L A S
I N T L P R G O R E V I D A L S Z O L X
S W I T H E P I A N O L E S S O N R K Z
```

A CHORUS LINE
AMBASSADOR
THEATRE
ANNE BANCROFT
ANNIE
BEAUTY AND
THE BEAST
BROADHURST
THEATRE
CABARET
CAMELOT
CATS

ELIZABETH
TAYLOR
ETHEL BAR-
RYMORE
FIDDLER ON
THE ROOF
GERALDINE PAGE
GLASS MENAG-
ERIE
GORE VIDAL
GREGORY HINES
IMPERIAL
THEATRE

INTO THE WOODS
LAURENCE
OLIVIER
LES MISERABLES
MAJESTIC
THEATRE
MAN OF LA
MANCHA
MISS SAIGON
MUSICAL
NEW YORK
OKLAHOMA

PHANTOM OF
THE OPERA
RENT
SAM WATERSTON
THE PIANO
LESSON
THE WIZ
TONY AWARD
WAITING FOR
GODOT

Solution on page 173

```
M V V F N W T C E D H P Y J J H A U J R
M E M U E S U M G E R M A N Y U A L P S
D N N A C I T A V I S A B S I X C A I F
K Z J W S O T P T T Z G A F S K Y G L L
G W T I T A K N R N A H R L T P Y U A O
A E N M C B I A E U F J C S S H O T R R
V E S B N R I V T N E S E N O Z O R U E
M F Z L T N O O A N I F L E T O H O T N
R A X E O M B I G N R T O A N G H P H C
F C C D I A V L S E I E N M V I A I C E
U E N O H F A L B S M D A O A I K H N S
Y O F N B N F O C O A E N P C I C B A T
L K M E D I T E R R A N E A N O U E L I
A C H D R K M L L F X V T G C P Z L B C
T M S E O E F I L T H G I N V S X G T K
I R I M C R K S I R O N C U R T A I N E
R H R N F E R R Y O Y W L T S I R U O T
M K A M Z Y E W R I V I E R A Z S M M X
W R P L O U V R E R E V I R A G L O V W
F P E M D L K P G N I I K S P A I N P R
```

ALPS
AUTOBAHN
BARCELONA
BELGIUM
CAFE
CONTINENT
CROISSANT
CUISINE
EIFFEL TOWER
ENGLAND
EUROZONE
FERRY
FLORENCE

FRANCE
GERMANY
GREECE
HIKING
HOTEL
IRON CURTAIN
ITALY
LONDON
LOUVRE
MEDITERRANEAN
MONT BLANC
MUSEUM
NIGHTLIFE

OKTOBERFEST
PARIS
PASSPORT
PORTUGAL
RIVIERA
ROME
SCANDINAVIA
SKIING
SLAVIC
SPAIN
TICKET
TOURIST
TRAIN

VATICAN
VISA
VOLGA RIVER
WIMBLEDON

Latin America

```
A W A I B M O L O C O S T A R I C A P O
E D C D F R I D A K A H L O I P P C O C
W X H I S P A N I C N O Z A M A E D K A
O R F R A N C I S C O P I Z A R R O O F
P O R T U G U E S E S C E T Z A U M S T
A D K T G A R G E N T I N A S G P I H A
L A B F S F H P U N F H R O A U U N C R
A U Y U S E X A S L A S U R C A E I V A
M C A A E B R A Z I L T A I N Y R C E J
E E U Q J N M O T R H M W E I E T A N A
T G G H Y S O I F A A E Z N M L O N E L
A J U O T A X S M N I S T A S S R R Z A
U F R N I I O E A I I O L J P A I E U D
G W U D C V R P Y I L A G E A L C P E A
A Q H U O I E J A T R M R D N V O U L U
R O R R C L L G E T C E U O I A M B A G
A B O A I O I C N A U R S I S D M L A U
C H E S X B H E S S B I U R H O Z I W L
I B O T E L C C A R A C A S C R T C L A
N E T L M Z A P O I V A T C O N J Q C P
```

AGUAS FRESCAS	COSTA RICA	HONDURAS	RAINFOREST
AMAZON	CUBA	INCAS	RIO DE JANEIRO
ARGENTINA	DOMINICAN	LIMA	SALSA
AZTECS	REPUBLIC	MAYA	SOUTH AMERICA
BOLIVIA	ECUADOR	MESOAMERICA	SPANISH
BRAZIL	EL SALVADOR	MEXICO CITY	TOLTEC
BUENOS AIRES	FRANCISCO	NICARAGUA	URUGUAY
CAFTA	PIZARRO	OCTAVIO PAZ	VENEZUELA
CARACAS	FRIDA KAHLO	PANAMA	
CENTRAL	GUADALAJARA	PARAGUAY	
AMERICA	GUATEMALA	PERU	
CHILE	HAITI	PORTUGUESE	
COLOMBIA	HISPANIC	PUERTO RICO	

Solution on page 173

```
K K U P M G M M J Y P M A U G R A L G W
O A U A I S E N A L E M A R Q U E S A S
O O T Y L A I P H Q B D Y U C V R I B U
C M A R I A N A L E U T I A N O S S F T
H A U D R G P V X Z Z R R N K E U D D O
A S N N F R E N C H P O L Y N E S I A M
T V A A N J A E L J L P N O N A O T E A
H K V L K S R W O I A I R G E S L A N U
A E L S W M C Z N G V C I A W T O B I T
M J L I A A H E A A I O A P C E M I U R
I T O R J R I A P M H F C O A R O R G E
S B T E A S P L I I U C T G L I N I W B
L U A K L H E A A J T A I A E S I K E L
A M I A E A L N S O A N P P D L S U N I
N I N B I L A D F W F C I R O A L A A G
D D I M N L G Z L I A E Z L N N A L U G
S W K Q A T O N G A J R G K I D N E P M
K A I U H O W L A N D I S L A N D K A G
Z Y B P U T N E W H E B R I D E S O P P
A H A W A I I T I H A T U L A V U T I H
```

ALEUTIAN
ARCHIPELAGO
BAKER ISLAND
BIKINI ATOLL
CAROLINE
ISLANDS
CHATHAM
ISLANDS
COOK
EASTER ISLAND
FATU HIVA
FIJI

FRENCH POLY-
NESIA
GILBERT
GUAM
HAWAII
HOWLAND
ISLAND
IWO JIMA
KIRIBATI
KWAJALEIN
MARIANA
MARQUESAS
MARSHALL

MELANESIA
MICRONESIA
MIDWAY
NAURU
NEW CALEDONIA
NEW HEBRIDES
NEW ZEALAND
PAGO PAGO
PALAU
PAPUA NEW
GUINEA
PITCAIRN
SAIPAN

SAMOA
SOLOMON
ISLANDS
TAHITI
TOKELAU
TONGA
TROPIC OF
CANCER
TUAMOTUS
TUVALU
VANUATU

Solution on page 173

The Middle East

```
M J T L P D A D H G A B G J U L E F Y A
W C R A M A L L A H A B R O A T J D S Z
L K E L A M L C S O A Z W B M E G Y P T
U T S H C A I E N A M M A I R A Q U T M
W B E A I S A T S E W H T U O S N K N A
I F D P R C I B F T R V S A E N O S E N
D X P A F U R F U A I A V A M A N A C A
M Z E M A S Y M I D L N O J U D A I S M
F L I U H Q S N E E H F E Y L R B T E A
Z K J E T A S O M D G A T K D O E I R L
C P Z L R T Y N C A I I B U S J L A C A
K F P O O A A Z L A N T D I R A L W E N
A S R R N R S I N A I P E N I N S U L A
Q S S T H A L F I U A R E R U I P K I C
J K E E X E G T K J S K O L R R E N T Z
D R T P E R S I A N G U L F I A E K R E
Y G T U R I E B M N E M E Y U N N X E U
G G L C R U D E O I L M A L S I M E F S
C L Z H B P K U S A U D I A R A B I A H
V S C E N S J T L S H W D D I S U D A N
```

ABU DHABI	FERTILE CRES-	NILE	SUDAN
AMMAN	CENT	NORTH AFRICA	SUEZ CANAL
ARID	GAZA	OMAN	SYRIA
BAGHDAD	IRAQ	PALESTINE	TEHRAN
BAHRAIN	ISLAM	PERSIAN GULF	UAE
BEIRUT	ISRAEL	PETROLEUM	YEMEN
CAIRO	JERUSALEM	QATAR	
CHRISTIANITY	JORDAN	RAMALLAH	
CRUDE OIL	JUDAISM	RIYADH	
DAMASCUS	KUWAIT	SAUDI ARABIA	
DESERT	LEBANON	SEA OF GALILEE	
EGYPT	MANAMA	SINAI PENINSULA	
	MEDITERRANEAN	SOUTHWEST ASIA	

Solution on page 173

South America

```
B O E D U L Y E J V S U R I N A M E B V
E Y N E O S T R U M E N D O Z A T W O W
W A N A I U G H C N E R F V D C H I L E
S U B E L O H O R I Z O N T E A Q Z I E
T G C A L L I U Q N A R R A B I V Q V R
S A R I O D E J A N E I R O B L N L I C
U R U G U A Y G Q L O Y A L C I H C A U
X A T R E S E D A M A C A T A S C Z S S
Y P D C A L I X Q M R O A G I A O U C H
E L C O L O M B I A F P E S O R N O J U
K X A D B S E R I A S O N E U B T G J A
H Z D R S O I Z U B R R T D X Z I A M I
G K N F G V G D L G O T Y I A P N I E A
U D O M L E G O E Z L O P P A U E T D T
Y B C L J U N T T I U A A L L R N N E U
A M A Z O N O T Z A A L P I D E T A L T
N M N K F W L A I Q P E Z M M P Q S L X
A T A Q N Z R N H N O G U A Y A Q U I L
X R L M R B C O S I A R A P L A V X N M
O C Z U C A R A C A S E D Q M L Y V G L
```

AMAZON	CARACAS	LLAMA	STRAIT OF
ANACONDA	CHICLAYO	MEDELLIN	MAGELLAN
ARGENTINA	CHILE	MENDOZA	SUCRE
ATACAMA DESERT	COLOMBIA	NUEVO SOL	SURINAME
BARRANQUILLA	CONTINENT	OSTRUM	URUGUAY
BELO HORIZONTE	CUZCO	PARAGUAY	USHUAIA
BOGOTA	FRENCH GUIANA	PERU	VALPARAISO
BOLIVIA	GEORGETOWN	PESO	
BRASILIA	GUAYAQUIL	PORTO ALEGRE	
BRAZIL	GUYANA	RIO DE JANEIRO	
BUENOS AIRES	INCA	SALVADOR	
BUZIOS	LA PAZ	SANTIAGO	
CALI	LIMA	SAO PAULO	

Solution on page 173

County Fair

```
H T O O B M A E R C E C I Y A W D I M F
S I P D Q W G N I T N I A P E C A F E S
R C U A I S W I N G I N G S H I P S E S
E K G C V B S E L F I R R I A V T X E L
L E S S E D I R E I D D I K S I H Z N S
G T S R E G R U B M A H C T V I I M T N
G S T F A R C I D N A H U A B R Q U E O
U P G J S C A L T P W N L I P Q F S R I
J C A S H S R Z S I A Y T S N F L I T S
S L O D T O A E Z E L S U F E B D C A S
I I K T D E T P P I D T R D K L N A I E
D O Y C T L K D E M P J A V C U U R N C
E N Y S O O E R O D U N L W I E O O M N
S T C E N T N B A G I B S J H R R U E O
H A N M S W S C O M S R H R C I G S N C
O M U A S T O E A A A D O S D B R E T R
W E O G H W J L V N T E W A E B I L R T
S R B G J R S N C I D S L F I O A S A C
S L I C A R N I V A L Y I F R N F H I R
B L O V S E I R F H C N E R F R P T N Q
```

AGRICUL-
TURAL SHOW
AIR RIFLES
BLUE RIBBON
BOOTH
BOUNCY
BUMPER CARS
CARNIVAL
CAROUSELS
CLOWNS
CONCESSIONS
COTTON CANDY
ENTERTAINMENT

EXHIBITS
FACE PAINTING
FAIRGROUND
FESTIVAL
FLEA MARKETS
FRENCH FRIES
FRIED CHICKEN
GAMES
HAMBURGERS
HANDICRAFTS
HOT DOGS
ICE CREAM
JUGGLERS

KIDDIE RIDES
LIGHTS
LION TAMER
LIVESTOCK
MIDWAY
MUSIC
PADDLE BOATS
PIZZA
PRIZES
RIDE PASS
ROASTED
PEANUTS
SIDESHOW

SODA
STUFFED ANI-
MALS
SWINGING SHIP
TICKETS
TILT A WHIRL
TRAIN

Solution on page 174

```
C A P E C O D L E I F G N I R P S D Y R
R C E L T I C S I N D E P E N D E N C E
D A F M S I N O I T I L O B A S I O O T
A R L Y T E D K E N N E D Y T H R P N S
R H A P U R Y S E L P A M T I A R N N E
T O R Y H A R T F O R D C I V P E E E C
M D E A E W X O S D E R A S E P B D C U
O E T L A N A U N N W O M R A A N L T O
U I S E I N I L E Y S C B E M L A A I L
T S E U K E P V D I V N R V E A R W C G
H L C N I W A M S O D O I I R C C P U L
D A R I S H T T V A E C D N I H O O T O
C N O V W A R E S O H M G U C I A R O N
O D W E F M I B K A V T E D A A S T C G
L S N R X P O V W C E W R R N N T S S F
O K E S M S T T E S U H C A S S A M B E
N B I I P H S Q M N T T T V M O C O O L
I Z T T S I K A N E B A N R K X N U N L
E V C Y D R O F M A T S Y A O X J T E O
S E I R R E B E U L B Q D H N N Q H P W
```

ABENAKIS	GLOUCESTER	NATIVE AMERI-	STAMFORD
ABOLITIONISM	HARTFORD	CANS	TED KENNEDY
APPALACHIANS	HARVARD UNI-	NEW HAMPSHIRE	WALDEN POND
BLUEBERRIES	VERSITY	NEW HAVEN	WORCESTER
CAMBRIDGE	INDEPENDENCE	NORTHEAST	YALE UNIVERSITY
CAPE COD	LONGFELLOW	PATRIOTS	
CELTICS	MAPLE SYRUP	PENOBSCOT	
COAST	MARTHAS	PORTSMOUTH	
COLONIES	VINEYARD	RALPH WALDO	
CONCORD	MASSACHUSETTS	EMERSON	
CONNECTICUT	MIT	RED SOX	
CRANBERRIES	NANTUCKET	RHODE ISLAND	
DARTMOUTH		SPRINGFIELD	

Solution on page 174

Off to College

```
S L C G M U I D A T S L L A B T O O F W
O H J A Q A N T H R O P O L O G Y C P N
P P M R E T N E C I N M U L A N N C A A
H D A N C E S E E R G E D S R E T S A M
O Y S B A A U N D E R G R A D U A T E R
M R C F R A T E R N I T Y H O U S E S E
O T O E E A R D E A N S O F F I C E Q T
R S T N E M T R A P E D V A R S I T Y T
E I O G R I O H C H E E R L E A D E R E
T M L L S H U T T L E B U S G Y M S C L
A E G I E P D O C T O R A T E S C N Y I
I H N S R E C N E I C S L A N I M I R C
G C I H V E C N E I C S R E T U P M O C
E A K A I R E T E F A C P E S M F B T F
L G R A C T I V I T Y O L Y R A R B I L
L L A H E R U T C E L H I S T O R Y M R
O A P N S O R O R I T Y H O U S E S R O
C Y S E N I O R C A A R T S E H C R O J
M T N E D I S E R P J U N I O R E W D A
M I N O R M U S I C O M B K I O S K S M
```

ACTIVITY	COLLEGIATE	FRATERNITY	MUSIC
ALUMNI CENTER	COMPUTER	HOUSES	NCAA
ANTHROPOLOGY	SCIENCE	GYM	ORCHESTRA
ATHLETICS	CRIMINAL	HISTORY	PARKING LOT
BMOC	SCIENCE	JUNIOR	POLICE
BOARD OF	DANCES	KIOSKS	PRESIDENT
REGENTS	DEANS OFFICE	LECTURE HALL	SENIOR
CAFETERIA	DEPARTMENTS	LETTERMAN	SHUTTLE BUS
CAREER SER-	DOCTORATES	LIBRARY	SOPHOMORE
VICES	DORMITORY	MAJOR	SORORITY
CHEERLEADER	ENGLISH	MASCOT	HOUSES
CHEMISTRY	FOOTBALL	MASTERS DEGREE	UNDERGRADUATE
CHOIR	STADIUM	MINOR	VARSITY

Solution on page 174

Shopping Trip

```
N C X D N U F E R O T A V E L E Y T W A
L L K I Y D L A O A P P A R E L R E D L
S E C U R I T Y T S F E E U X U O R L T
A R B D E Y L Q A L L T S G O O A A S Z
J K A R T R S A L E S S Y C R C M P N H
G S P N S L D B A F Z T D A T A D M I Z
N T P R I E L E C T R O N I C S H O S A
W R L R G W M L S Y O R B A P U P C H P
R O I S E E D A E F A E B O R R O W B G
F L A Y R J S J G P D E R O T S Y B A B
V L N A H Z C I R E S T A U R A N T N P
X O C L S N F L D R I C L O T H E S K U
O D E P A R T M E N T S T O R E X R C R
D B S S C W B M G A A B T U O K C E H C
K S O I K X O G S Z R H R W F U H M E H
W G J D M T O T L V O A C O D F A U C A
A O G G S O F A S H I O N R W Q N S K S
H B B U D I N S N O P U O C E S G N O E
X R C S G T S H O E S T O R E M E O X Z
H Y R E T U R N S H O P P E R S P C L J
```

APPAREL	COMPARE	FOOD COURT	SALES
APPLIANCES	CONSUMER	GAMES	SECURITY
BABY STORE	COUPONS	GIFTS	SHOE STORE
BANK CHECK	CUSTOMERS	JEWELRY	SHOPPERS
BORROW	DEBIT CARD	KIOSK	SPORTING
BROWSE	DEPART-	LOAN	GOODS
BUY	MENT STORE	MALL	STROLL
CASH REGISTER	DISPLAYS	MERCHANDISE	
CHARGE	ELECTRONICS	PET STORE	
CHECKOUT	ELEVATOR	PURCHASE	
CLEARANCES	ESCALATOR	REFUND	
CLERKS	EXCHANGE	RESTAURANT	
CLOTHES	FASHION	RETURNS	

Solution on page 174

To the Moon

```
B O O S T E R S N O I S S I M U S R O D
G Y H P A R G O P O T Z C R I S I U M E
R C R A T E R S O C A T E N A D A V Y L
A N O R T H I T E S P A C E T R A V E L
V G T T S P A C E T O U R I S M W Q W I
I H I U L S T S C N I R D L A Z Z U B R
T Z D A A O S C Q E O E C A R E C A P S
Y E E N N M S K A M G L N R E L M R L P
A G S O D T O S O T U U T M L R S T N A
L K N M I A L N W N N D E S A E E E Z C
F C O S N T S E S U G O K T T A R R N E
P R O O G H R G A B T M C R N L E T N C
I E M C A L B Y D P R R O O E B N U S R
I S L D S A T U R N V A R N I E I A I A
H C L A U N C H H S M N D G R D T N G F
T E U W F A R S I D E U U L O O A O N T
Y N F A R M N N H T I L O G E R T R I I
M T M A G M A O C E A N X C W Y I T X B
S I B L P R O M O N T O R I U M S S A R
R W X C U G D M G F H G T G N I N A W O
```

ALBEDO	FULL MOON	ORIENTALE	SPACE TRAVEL
ANORTHITE	GIANT LEAP	PROMONTORIUM	SPACECRAFT
ASTRONAUT	GRAVITY	QUARTER	TIDES
ATMOSPHERE	LANDING	RADIO CONTACT	TOPOGRAPHY
BOOSTERS	LAUNCH	REGOLITH	WANING
BUZZ ALDRIN	LUNAR MODULE	RILLE	WAXING
CATENA DAVY	MAGMA OCEAN	RIMA	
COSMONAUT	MISSIONS	ROCKET	
CRATERS	MONS BRADLEY	SATURN V	
CRESCENT	MONS HADLEY	SERENITATIS	
CRISIUM	MONS HUYGENS	SMYTHII	
DORSUM	NEIL ARMSTRONG	SPACE RACE	
FAR SIDE	ORBIT	SPACE TOURISM	

Solution on page 174

```
K S T X F S U N G Y C W S T T V Q D E A
G A O D A R O D I Y J O S A A G J K U D
C L I B R A T T A A G I R U A R D Y H L
Z A I L G S P E E G T R I A N G U L U M
C R P Y N A I Y L M D L E I F P E E D M
N O I R O U M C Y O O H A N E B U L A U
A J R A I Q R M I Y I C E L E S T I A L
T A S O S C E G A T G V O C A K R T S U
A M R O N D O L M R A X A J M L R C M C
S A S I L A E R O B A N O R O C S A F I
C S D N P A A L N H Z Y E O T E G M D T
P R S I K Q R U P U K L S V I L R E D E
L U A M R U O S S H S C P R S L U L M R
A K R E T A R C Y T I S A I Z E E O U E
C T O G U R E V M S R N U L U W N P T Z
E S R E V I N U M H T A U V B C Z A U A
R P U W S U E H P E C E L S R P X R C S
T U A V R S W T U R S A M I N O R D S N
A Q U I L A F U T N L U P U S D C U U E
P K J I I E E C A P S U I P R O C S A M
```

AQUARIUS	CORONA AUS-	HYDRA	SCORPIUS
AQUILA	TRALIS	LACERTA	SCUTUM
ARIES	CORONA	LEPUS	SOLAR SYSTEM
AURIGA	BOREALIS	LIBRA	SPACE
AURORAS	CORVUS	LUPUS	TRIANGULUM
BLACK HOLE	CRATER	LYNX	ULTRAVIOLET
CAMELOPARDUS	CYGNUS	LYRA	UNIVERSE
CANES VENATICI	DARK ENERGY	MENSA	URSA MAJOR
CAPRICORNUS	DEEP FIELD	NEBULA	URSA MINOR
CELESTIAL	DELPHINUS	NORMA	
CEPHEUS	DORADO	ORION	
COMET	GAMMA RAYS	QUASARS	
	GEMINI	RETICULUM	

Solution on page 174

Big U.S. Cities

```
S P P A N O T G N I H S A W D E N V E R
V E C O L U M B U S A C R A M E N T O A
I E C L E V E L A N D H N R A T X H A L
I K H I E Y R Y A S P S E A T T L E K E
M U I L N Q T N T U L U L O N O H O L I
A A C L M D T I O I O U Y K A L G C A G
I W A O I O I B C T C M T L L R P S N H
M L G U N N H A O S S K A A T A H I D M
E I O I N O C L N S A O R H A H I C A X
M M O S E T A B S A N S B O A C L N L G
P I H V A G E U E N P O N M Y W A A L Y
H G N I P N B Q R J F O S A I W D R A O
I D D L O I G U F O F X L C K M E F S U
S E N L L L N E D S F H H I U M L N P L
V T A E I R O R L E H I L T S T P A X E
Q R L O S A L Q T E T Y W Y D F H S F X
R O T O S J Y U L A S V E G A S I O R M
U I R A U I C E R O M I T L A B A O N C
O T O G E I D N A S H V I L L E F X S K
L I P N O T S U O H P H O E N I X A I S
```

ALBUQUERQUE	HONOLULU	NEW YORK CITY	SEATTLE
ARLINGTON	HOUSTON	OAKLAND	ST LOUIS
ATLANTA	INDIANAPOLIS	OKLAHOMA CITY	TUCSON
BALTIMORE	KANSAS CITY	OMAHA	TULSA
BOSTON	LAS VEGAS	PHILADELPHIA	WASHINGTON
CHARLOTTE	LONG BEACH	PHOENIX	WICHITA
CHICAGO	LOS ANGELES	PORTLAND	
CLEVELAND	LOUISVILLE	RALEIGH	
COLUMBUS	MEMPHIS	SACRAMENTO	
DALLAS	MIAMI	SAN ANTONIO	
DENVER	MILWAUKEE	SAN DIEGO	
DETROIT	MINNEAPOLIS	SAN FRANCISCO	
FRESNO	NASHVILLE	SAN JOSE	

Solution on page 175

UK Cities

```
Z U M A H R E H T O R E Q D N R E H H M
D B M K G F H C I W R O N O E R X N T H
Z B A S R Z N E W P O R T T E Y E O U C
D F H T U O M Y L P F P S T E W T T O I
K W D H B T U J L L M E S L C B E P M W
W N L E N F T X U A H E W A R B R M S S
I O O L I N V O H C C A S I O S S A T P
J D O E D P K T N U R T S U B D E H R I
X N B N E N R A O C L T R H M L N R O D
F O L S O O M L P E O N N B A E Y E P R
B L A D N T G P U L E L O E H I E V K O
J E C E B T U P N M N O D L G F K L C F
O I K E O I O L O F E O N F N S N O O T
X C B L L N B U T F E P I A I R O W T A
F E U T T G T V S I D R W S M E T D S W
O S R Y O H S V G D R E S T R D L U L R
R T N D N A K L N R E V C S I D I D O I
D E R B Y M K D I A B I L K B U M L U U
U R C O L O O P K C A L B E F H J E G S
E D M D Y Z R R E J V D V P R H Z Y H X
```

ABERDEEN
BELFAST
BIRMINGHAM
BLACKBURN
BLACKPOOL
BOLTON
BOURNEMOUTH
BRISTOL
CARDIFF
CRAWLEY
DERBY
DUDLEY
EDINBURGH

EXETER
GLOUCESTER
HUDDERSFIELD
IPSWICH
KINGSTON
UPON HULL
LEEDS
LEICESTER
LIVERPOOL
LONDON
LUTON
MANCHESTER
MILTON KEYNES

NEWCASTLE
UPON TYNE
NEWPORT
NORTHAMPTON
NORWICH
NOTTINGHAM
OLDHAM
OXFORD
PLYMOUTH
PORTSMOUTH
ROTHERHAM
SLOUGH
ST HELENS

STOCKPORT
SUTTON COLD-
FIELD
SWINDON
WATFORD
WOLVER-
HAMPTON

Solution on page 175

Small Towns

```
E X K H C R A N F O R D R A H C I R P K
M I B S I L V E R C I T Y L R E V A W L
W Z P K Z W A O J B O P Q Y Z Z M L N Y
G Z R S S E N R E D L O H U E T T E R G
R N J S G L B S K R T E S I D A R A P R
I O T X O L R E T S E H C T S E W D I E
D T L T N P I Y S N V V X I H H R N M E
D L T L H I D A O W B I I P P O O A A N
L I D O B N G R U O T U L R F S T V P U
E M P C R I E R T T E U R L E H I O P P
V S G A N T C O H S S E I K E L R W O M
X P K Y I H I W O T K M L R E T L R T U
O N C J M A T P R T N I T L F M T E V R
W W A A X T Y O A E W O D O I M D K B H
M I T E E C P I N K N H U Q A V P H G A
U L A X Q H L N G C P R R T C Q Y Z N P
R B L S X E Q T E A C P I E G A T R O P
R U D W O R R A B H E L L I V R E T A W
A R O M N E L G O L D E N M E A D O W G
Y J A C K S O N G A N C U T H S A W F K
```

ATHERTON	HACKETTSTOWN	PORT SULPHER	WILBUR
BARROW	HOLDERNESS	PORTAGE	WILKESON
BELLE RIVER	HUETTER	PRICHARD	YACOLT
BRIDGE CITY	JACKSON	RIDDLE	YARROW POINT
BURKE	LOTTIE	SILVER CITY	
CATALDO	MILFORD	SOUTH ORANGE	
CLARKSVILLE	MILTON	THATCHER	
CRANFORD	MURRAY	TWISP	
GARYVILLE	PAHRUMP	WASHTUCNA	
GLENMORA	PARADISE	WATERVILLE	
GOLDEN	PIMA	WAVERLY	
MEADOW	PORT FOURCHON	WELLPINIT	
GREENUP	PORT MATILDA	WEST CHESTER	

Solution on page 175

European Cities

```
T E E M T I E F R T U C P G L U P W F W
O S N M O N O B S I L S P O Z N A N E K
Y R E C N I R U T H E W T A O N E G M C
R W X P A E N G O L O C R U L R E C Z I
A Z O G A R A Z C O O L L O T E O M N Z
L I D I R D A M K X O E B S C T R B I Y
L U Y R Z B U C H A R E S T N L G M Q Z
I D T B I E G B O B M D N M U B A A O U
V U U W O G S A L G I S K A R R D W R F
E B G M W T A V M P E R T E S L P H O T
S L E W I K N I S L E H M E E A N C T N
F I U R A L I E F V E E I I R A E I T G
R N G D L R A N O N N L F I N D G N E S
B E A C O I S N S O L F S O K G A U R X
Z H R R F R N A S E E T L Y F P H M D P
U B P O H A T R W H C E T V L N N A A P
G D S M H U M M S U C D R E S D E N M C
A W T E H A M B U R G D S S Z E P S S N
H S U Y X K F R A N K F U R T O O C S M
I X G T V V Y B K N D V A L E N C I A E
```

AMSTERDAM	ESSEN	NAPLES	TURIN
ATHENS	FRANKFURT	PALERMO	VALENCIA
BARCELONA	GENOA	PARIS	VIENNA
BERLIN	GLASGOW	POZNAN	WARSAW
BIRMINGHAM	HAMBURG	PRAGUE	WROCLAW
BREMEN	HANNOVER	RIGA	ZARAGOZA
BUCHAREST	HELSINKI	ROME	
BUDAPEST	LEEDS	ROTTERDAM	
COLOGNE	LISBON	SEVILLA	
COPENHAGEN	MADRID	SHEFFIELD	
DORTMUND	MARSEILLE	SOFIA	
DRESDEN	MILAN	STOCKHOLM	
DUBLIN	MUNICH	STUTTGART	

Solution on page 175

U.S. Capitals

```
N O T N E R T A H R E B U A E N U J E B
B O S T O N E C N E D I V O R P M A F U
R K S B G F H I R F O T N E M A R C A S
X H R I C H M O N D J L I Z C D R K T J
Y A G S D R O C N O C L U H Y E X S N M
Y R X M T A F V M O E S A A V Q R O A E
T T S A X L M P H P L R R O P E M N S L
I F I R K A A R T A L U D S V T O X N L
C O L C S P N N A E R S L N A M N L F I
N R O K A A O N S L B R E U O S T I R V
O D P Q L M K T A I E D I B A U G N A H
S H A M T O O E U P N I F S L B O C N S
R E N A L N F H P D O G G O B M M O K A
A L A T A Z Z G A O Q L N H A U E L F N
C E I S K C O R E L T T I L N L R N O A
T N D U E R R E I P K J R S Y O Y G R U
P A N G C A I P M Y L O P I X C V M T S
F P I U I B O I S E E S S A H A L L A T
N K I A T N A L T A X I N E O H P F D I
U S J N Y T I C N O S R E F F E J A D N
```

ALBANY	DOVER	MADISON	SALT LAKE CITY
ANNAPOLIS	FRANKFORT	MONTGOMERY	SANTA FE
ATLANTA	HARRISBURG	MONTPELIER	SPRINGFIELD
AUGUSTA	HARTFORD	NASHVILLE	TALLAHASSEE
AUSTIN	HELENA	OKLAHOMA CITY	TOPEKA
BISMARCK	HONOLULU	OLYMPIA	TRENTON
BOISE	INDIANAPOLIS	PHOENIX	
BOSTON	JACKSON	PIERRE	
CARSON CITY	JEFFERSON CITY	PROVIDENCE	
CHARLESTON	JUNEAU	RALEIGH	
COLUMBUS	LANSING	RICHMOND	
CONCORD	LINCOLN	SACRAMENTO	
DENVER	LITTLE ROCK	SAINT PAUL	

Solution on page 175

```
K W H R O M Z W N P T I R A N A J K G A
S K X A D Q N N Y H P J S L E S S U R B
J Y F O M I A U D N A M T A K I X A N Q
Y E S B A I D Z W O C S O M R O S L O B
K H S M R U T H I M P H U A U F N A L O
K O E O B U B U M P G R P L S W Y L I G
K Y B L J Z U H S E R I A S O N E U B O
P I I O F N D T K N X A W T E S N M R T
H N K C N U A Y R H N I E N J A C P E A
U O D S W H P S J B P P C W P Q J U V R
M B X O O S E M A R A N G O O N M R I U
S S A T T I S A K C P G M T C O U M L B
W I Y T E D T D A E H L O E G I O N L M
E L F A E A C R R H E R A G A A T J E U
U A M W R G N E T B I U U R B N R Y Y J
Q Y M A F O P T A A G A X O O K A J E U
E O L A D M U S C A T T S E R A H C U B
P M T N N R R M N F J A D G O R K Y V I
C E O E L A I A S U N C I O N A S S A U
L L D R O P M D Y O A U N D E N E G U W
```

AMSTERDAM	DUBLIN	MANAMA	ROME
ANKARA	FREETOWN	MEXICO CITY	SAN JOSE
ASUNCION	GABORONE	MOGADISHU	THIMPHU
BELMOPAN	GEORGETOWN	MOSCOW	TIRANA
BOGOTA	JAKARTA	MUSCAT	ULAANBAATAR
BRUSSELS	KATMANDU	NAIROBI	YOAUNDE
BUCHAREST	KHARTOUM	NASSAU	
BUDAPEST	KUALA LUMPUR	NIAMEY	
BUENOS AIRES	LIBREVILLE	OSLO	
BUJUMBURA	LISBON	OTTAWA	
CAIRO	LONDON	PARIS	
CAPE TOWN	MADRID	PHNOM PENH	
COLOMBO	MANAGUA	RANGOON	

Solution on page 175

College Towns

```
Y J P A C A H T I C C L A R E M O N T H
L A R A M I E N E V A H W E N F B O V S
R R E D L U O B H L O R O N O L R R K P
C O Q E N O S I D A M L B Q O T E T B E
W P B Y E V A N S T O N Y O A B V H E G
H D L R O L H L I V L X M L N W O F R D
V E U F A Y E T T E V I L L E D N I K I
L A W R E N C E X O N A A S N G A E E R
C N N M H B N I S G H S T A K A H L L B
O O O O M A N A T A O L M W S I H D E M
L T R S M G M O S O A L O N V N M Y Y A
L G M C T G N S L F L L I H L E P A H C
E N A O E M E A A U I L M I S S O U L A
G I N W Q E C Y P A L B X Y E V T G I U
E L L I V S E T T O L R A H C I M E N B
P R U P U T U X C C O R V A L L I S C U
A U D T T C B T S R E H M A P L Y L O R
R B T E S I R U F S O U T H B E N D L N
K W I O I O W A C I T Y E E A T H E N S
A J N G F M U N C I E U G E N E P M E T
```

AMHERST	CLAREMONT	LAWRENCE	SOUTH BEND
ANN ARBOR	COLLEGE PARK	LEXINGTON	TALLAHASSEE
ATHENS	CORVALLIS	LINCOLN	TEMPE
AUBURN	DURHAM	MADISON	TUCSON
BERKELEY	EUGENE	MISSOULA	TUSCALOOSA
BLOOMINGTON	EVANSTON	MOSCOW	WEST LAFAYETTE
BOULDER	FAYETTEVILLE	MUNCIE	
BURLINGTON	FORT COLLINS	NEW HAVEN	
CAMBRIDGE	GAINESVILLE	NORMAN	
CARBONDALE	HANOVER	NORTHFIELD	
CHAPEL HILL	IOWA CITY	ORONO	
CHARLOT-	ITHACA	PALO ALTO	
TESVILLE	LARAMIE	PULLMAN	

Solution on page 176

Olympic Cities

```
N K B Z I W S C U A L H E L S I N K I C
O T V Y T I C E K A L T L A S I S C N X
F B L Z Z I N P D S U M A X L R M P N G
A G O S L X R A T H E N S R Z E Q O S N
W D N D H E M O C W O I E L X M Z Q B L
A L D M W I L X M L Y B T I P M U I R G
J V O T A T A A E T U O C L A A O A U D
B I N Z O D E C K F K O O S W H R S C S
G A U Q Y E R X Z E C N E V T E E I K J
D C H J J A T E R I P A A S D L Q T S S
V O C J B I N W T Z U L L S E L O Y I E
O Y I P E J O Y M S L E A G P I P U M H
S M N G L Z M C J E M N N C A L V B I N
Y N U Z B X P Q Y C E A F R I R N O E S
D R M L O H K C O T S J T E U D Y K M T
N A G A N O U L L O G T M N W O C S O M
E G B Z E T C V L O R O P P A S B Q R Q
Y K S A R A J E V O L K E W L L E L B C
S W P C G E C V B S V Y J C I G T J E W
R T A Y T C U E O H G O A J W G K A Z M
```

AMSTERDAM	LOS ANGELES	SARAJEVO
ANTWERP	MELBOURNE	SEOUL
ATHENS	MEXICO CITY	SQUAW VALLEY
ATLANTA	MONTREAL	ST LOUIS
BARCELONA	MOSCOW	STOCKHOLM
BERLIN	MUNICH	SYDNEY
CALGARY	NAGANO	TOKYO
GRENOBLE	OSLO	
HELSINKI	PARIS	
INNSBRUCK	ROME	
LAKE PLACID	SALT LAKE CITY	
LILLEHAMMER	SANKT MORITZ	
LONDON	SAPPORO	

Solution on page 176

Los Angeles

```
L A K E R S F D O D G E R S T A D I U M
D V M R U M E E X F D D R R S S O A C U
D Y K O A N O C R D P A L E L C O I L L
Z I E R T P E O H U V R Y P E I W N A H
L Z S L A I H V L O T T V P B P Y R E O
G A R N L P O T A G P L K I A M L O T L
S E B N E A R N I E E A U L L Y L F Y L
C V R R T Y V U P F S N R C D L O I Q A
B R O E E C C O H I F O U K R O H L K N
K O A T L A I O D T C I R J O R S A O D
R Y D N E N T H N N R T R L C E O C D N
A K C E V O Y A A C A A U G E M N N A W
P O A C I G O R R Q E N C R R M E R K O
K T S Y S A F B I P U R R A E U L E T T
C E T T I P A O F B I E T E M S E H H A
O L I T O A N R I X P T D H F C G T E N
C T N E R G L L Z H N S U A N N U A I
N T G G U K E C M U S I C I C L A O T H
A I R P O L L U T I O N D U O T L S E C
H L I G O M S T A P L E S C E N T E R U
```

AIR POLLUTION
ANGELENOS
AQUEDUCT
BROADCASTING
CANOGA PARK
CHINATOWN
CITY OF ANGELS
CLIPPERS
CULTURE
DISNEY CON-
CERT HALL
DODGER STA-
DIUM

ECHO PARK
FILM
GETTY CENTER
GRIFFITH PARK
HANCOCK PARK
HARBOR
HOLLYWOOD
INTERNA-
TIONAL TRADE
JUNE GLOOM
KODAK THEATER
LA BREA TAR PITS
LAKERS

LAPD
LITTLE TOKYO
MACAR-
THUR PARK
MELROSE
AVENUE
MOTION PIC-
TURES
MULHOLLAND
MUSIC
RECORD LABELS
SAN FERNANDO
VALLEY

SMOG
SOUTHERN
CALIFORNIA
STAPLES CENTER
SUMMER
OLYMPICS
TELEVISION
UCLA
USC

Solution on page 176

Indianapolis

```
N N I E L D O O N Y R E P P I L S B T W
G N S L J L M S I N D Y R A C I N G B W
N E S T U A A O T U G E N N O V T R U K
I L I N N C N M N L N S Y L N J C S T R
N C O S A W A E E O O L R A S G H L L I
N R R N T A M S P R N C Y T E E A L E C
A I E E I R R V O A T T H I C L T I R H
M C G D O R E Y O I U N R P O I H H U A
N T G R N E T S T G L L E A F L A N N R
O N I A A N T P E N I S E C I I M A I D
T E E G L T E E A R U N T Y E L A I V L
Y M M B R O L E S P V O U A L L R D E U
E U I M O W D D T A G O C J D Y C I R G
P N L O A N I W G C I I I N H I H R S A
I O L C D S V A A E J X W R O W U E I R
Y M E L P H A Y T R J I U P U I A M T C
P S R O M I D W E S T E R N S O R J Y S
A N G H N P E A G L E C R E E K P A R K
R C A D O M E G E L L O C N A I R A M P
E L P P I R D A O R B E L Y A U Q N A D
```

BROAD RIPPLE
BUTLER UNI-
VERSITY
CAPITAL
CHATHAM ARCH
CIRCLE CEN-
TRE MALL
COLTS
CONSECO
FIELDHOUSE
DAN QUAYLE
DAVID LET-
TERMAN

EAGLE CREEK
PARK
EASTGATE
ELI LILLY
GEIST RESERVOIR
HOLCOMB
GARDENS
INDY RACING
IUPUI
JANE PAULEY
KURT VONNEGUT
LUCAS OIL
STADIUM

MARIAN COLLEGE
MARION COUNTY
MERIDIAN HILLS
MIDWESTERN
MONON TRAIL
MONUMENT
CIRCLE
NATIONAL ROAD
NORA
PACERS
PEYTON MAN-
NING
RCA DOME

REGGIE MILLER
RICHARD LUGAR
SLIPPERY NOO-
DLE INN
SPEEDWAY
UNIGOV
WARREN
TOWNSHIP

Solution on page 176

Las Vegas

```
O M M B A L L Y S M X D B D V P E L N I
N F A G L L F R O N T I E R I V I E R A
N A D N O R N E W Y O R K N E W Y O R K
G M R I U U D T E F F U B W E C G A T V
S O E M N G R N C J P N D G Y L I L B W
T N V A G O A E N I S U O M I L K D K C
A T O G E L V C B T O X G N I L B M A G
R E O M T D E N M O J A V E D E S E R T
D C H A P E L O F T H E B E L L S X H P
U A W N K N U I L A R U B I L A C X E X
S R E D J N O T K C O R D E R O X U L N
T L D A B U B N C I R C U S C I R C U S
H O D L N G S E L V I S P A R I S D B T
E S I A O G A V M E G A R E S O R T Z H
M S N Y N E G N L S L O T M A C H I N E
I L G B I T E O N A I T E N E V L N U S
R E S A S H V C C L A R K C O U N T Y T
A T I Y A U S E G A W T S O L H G N I R
G O L D C O A S T H A R R A H S Q J Z I
E H O I G A L L E B S N A E L R O I C P
```

BALLYS	EXCALIBUR	LOUNGE	STARDUST
BELLAGIO	FRONTIER	LUXOR	THE MIRAGE
BUFFET	GAMBLING	MANDALAY BAY	THE STRIP
CAESARS PALACE	GAMING	MEGARESORT	UNLV
CASINO	GOLD COAST	MOJAVE DESERT	VENETIAN
CHAPEL OF	GOLDEN NUGGET	MONTE CARLO	WEDDINGS
THE BELLS	HARRAHS	NEW YORK	
CIRCUS CIRCUS	HOOVER DAM	NEW YORK	
CLARK COUNTY	HOTELS	ORLEANS	
CONVENTION	LAS VEGAS	PARIS	
CENTER	BOULEVARD	RED ROCK	
DICE	LIMOUSINE	RIVIERA	
ELVIS	LOST WAGES	SLOT MACHINE	

Solution on page 176

```
Y S R E G N A R O C K E T T E S R L Z R
L M K T A X I S T I M E S S Q U A R E E
O I U H W R E L L E F E K C O R Y C C V
N E V E R S L E E P S B T Q T Y E H O I
G H O A S O I M M I G R A N T S L P N R
I N R T N U I E Y B O T E X T I L E E T
S E C R O S M Y N P T C B G Y S A U Y S
L G H E I T E N Y O D H N A T Z N X I A
A G E F T A T L A N T I C O C E A N S E
N U S I A T J A A T K S C T V N P E L T
D G T F N E D R M N I K N A U A N L A A
T N R T D N G B A M E L N W R D I P N T
O I A H E I A B R X A O O K O S T P D S
W H R A T S O T C O S N A P I R Y A H E
N S E V I L U H T I N V Y S O R B G A R
H U P E N A A B D A E X L H E R U I R I
O L O N U N S A W N H A Z W A O T B L P
U F G U G D M J U A N N O O R L B E E M
S T F E R R I E S D Y B A O O O L B M E
E X D F X O F G Y N A I B M U L O C T Y
```

ATLANTIC OCEAN
BANKING
BIG APPLE
BOROUGHS
BOWERY
BRONX ZOO
BROWNSTONE
COLUMBIA
CONEY ISLAND
DUTCH
EAST RIVER
ELLIS ISLAND
EMPIRE STATE

FERRIES
FIFTH AVENUE
FLUSHING
GRAND CENTRAL
GUGGENHEIM
HARLEM
IMMIGRANTS
LONG ISLAND
MADISON AVENUE
MANHATTAN
METROPOLI-
TAN MUSEUM
NEVER SLEEPS

OPERA
ORCHESTRA
PARK AVENUE
PORT
RANGERS
ROCKEFELLER
ROCKETTES
STATEN ISLAND
STOCK
EXCHANGE
SUBWAY
TAMMANY HALL
TAXIS

TEXTILE
THEATRE
TIMES SQUARE
TIN PAN ALLEY
TOWNHOUSE
UNITED NATIONS

Solution on page 176

Paris

```
O J P P O B S E R V A T O I R E N A S K
C K S L U X E M B O U R G P A L A C E N
S E Y E A E N G I A T N O M E U N E V A
E V H S F C N E H C U A G E V I R I I B
N B Y P M A E L A S O R B O N N E F X T
U H O I M O C D R A R I G U A V T F S H
L R G I L O N I E R E U I L L Y R E I G
V E I M S O I T T L E R V U O L A L U I
S N M V T D V R P Y A S T K Y K U T O R
E P R A E F E I T A O B T R C E Q O L T
L O U Y R R D B R E R F A A A V N W G O
L P E S A A S R O E D N L S U M I E N U
I I D S B N I E L U D C A I T R T R I R
A N E A A C O S I W L E R S G I A N K I
S C L P C E B T L N K O U A S H L N O S
R O A S E L L A H S E L G R K E T L T M
E U P L A C E D E L A C O N C O R D E S
V R A A R R O N D I S S E M E N T S E A
Y T I C L A T I P A C L E F T B A N K Q
O R X E G U O R N I L U O M E P O R U E
```

ARC DE TRI-
OMPHE

ARRONDISSE-
MENTS

AVENUE MON-
TAIGNE

BOIS DE BOU-
LOGNE

BOIS DE VIN-
CENNES

CABARET

CAFES

CAPITAL CITY

CITY OF LIGHT

EIFFEL TOWER

EUROPE

FRANCE

KING LOUIS XIV

LA SORBONNE

LATIN QUARTER

LE MARAIS

LEFT BANK

LES HALLES

LOUVRE

LUXEMBOURG
PALACE

MONTMARTRE

MONTPARNASSE

MOULIN ROUGE

OBSERVATOIRE

PASSY

PLACE DE LA
BASTILLE

PLACE DE LA
CONCORDE

POPINCOURT

RESTAURANTS

REUILLY

RIGHT BANK

RIVE GAUCHE

RIVER SEINE

RUE DE LA PAIX

RUE DE RIVOLI

TOURISM

UNESCO

VAUGIRARD

VERSAILLES

Solution on page 177

Washington, D.C.

```
S K R A M D N A L L A N O I T A N Y P J
K N T L I B R A R Y O F C O N G R E S S
W A S H I N G T O N M O N U M E N T L A
H T O N A I N O S H T I M S L N H A I J
C I P G V U B S F R M A P L S O N B N E
N O N E D R A G E S O R A Y W O M A C F
A N O O H S S R I C O G L A I U N G O F
R A T R C U I R E T L V R T L A N C L E
B L G G Z T U E E A A D A O C I C W N R
E A N E D O S S N N U N C O W K S H M S
V R I T T P T O I N N F S T H E M I E O
I C H O A S I A I O O T S R N E A T M N
T H S W D T A V T T I E Z A L R R E O M
U I A N A V E G C A W O T V Q C Y H R E
C V W N E R N I R E C E T J O K L O I M
E E C N S I R I H L O T I P A C A U A O
X S U I H T V T V N N F Q Y K O N S L R
E E T S S E B O T A N I C G A R D E N I
B Y A I R A N D S P A C E M U S E U M A
B W D H C N A R B E V I T A L S I G E L
```

AIR AND SPACE MUSEUM

ANACOSTIA RIVER

BOTANIC GARDEN

CAPITOL

DISTRICT OF COLUMBIA

EXECUTIVE BRANCH

GEORGETOWN

HOWARD UNIVERSITY

JEFFERSON MEMORIAL

LEGISLATIVE BRANCH

LIBRARY OF CONGRESS

LINCOLN MEMORIAL

MARYLAND

NATIONAL ARCHIVES

NATIONAL GALLERY

NATIONAL LANDMARKS

PENNSYLVANIA AVENUE

POTUS

PROTESTS

ROCK CREEK

ROSE GARDEN

SENATE

SMITHSONIAN

THE WEST WING

TOURISM

WASHINGTON MONUMENT

WASHINGTON NATIONALS

WASHINGTON POST

WHITE HOUSE

Solution on page 177

In the Bahamas

```
C L U B M E D L I Q Z W M U S H A C A Y
D O X C R U I S I N G N I L E K R O N S
P I R A T E S K G R A N D B A H A M A N
G H L A G O O N E L B O W C A Y S M B I
N W H O L A N D R O S I S L A N D O A L
I A S N O R T H A M E R I C A N N N C K
M D Y A Q X E A B U C S E J A B A W O C
M Y N A R P M E U L K L T L R E L E N A
I A V A C O Z Y F G T G S R C O S A W M
W C Y Y L U D W A R A I N O O K I L O U
S H A A O S L A U C T N C I A S D T T X
A T C C G G I T V A Y I I W T O E H E E
I I E M T U N E C L T A A T Q A K R R L
L N V U T E A L S N A R W U A K O X O E
I G O R E W I N A I A S D A C E O B M U
N A R R W I S L A N D S N Z T A R X N T
G D G R E A T G U A N A C A Y S C G U H
V G N C A A H A R B O U R I S L A N D E
B E A C H A L F M O O N C A Y J F C Q R
B I M I N I G P Q O G A L E P I H C R A
```

ABACO
ACKLINS
ANDROS ISLAND
ARAWAKS
ARCHIPELAGO
ATLANTIC OCEAN
BEACH
BIMINI
BOATING
CASTAWAY CAY
CAT ISLAND
CAYS
CLUB MED

COMMONWEALTH
CORAL REEF
CROOKED ISLAND
CRUISING
DUNMORE TOWN
ELBOW CAY
ELEUTHERA
EXUMA
GRAND BAHAMA
GREAT GUANA
CAY
GREAT INAGUA

GREEN TUR-
TLE CAY
HALF MOON CAY
HARBOUR ISLAND
ISLANDS
LAGOON
LUCAYAN
MANGROVE CAY
MAYAGUANA
MUSHA CAY
NORTH AMERICA
PARADISE ISLAND
PIRATES .

RESORTS
RUM CAY
SAILING
SAN SALVADOR
SCUBA
SNORKELING
SWIMMING
YACHTING

Solution on page 177

On the Riviera

```
O S S T T R O P E Z Y H A Y J L N H Q Y
Y T L A Y O R E S R E M M U S T O H Q M
A S T H C A Y H X R M P O R T O F I N O
V I L L A G E S L E E A O C C M Z G C C
Y R R A I L R O A D D B A R F O R A A R
S U U P G R K X V A I L R E T N I M R E
L O E S K T Y C I Y T O E G A T O B N S
M T E M P E R A T E E P I U A E N L I O
H O M E N T O N S S R I V L R C E I V R
C R N N A T A N E Y R C I F E A R N A T
A A P A I I I E F O A A R O H R V G L S
E Q S C C C R S M I N S H F G L D N I U
B B G I S O E Q L R E S C G I O B S G N
G G R A N D P R I X A O N E D N O E L B
L E H S B O M V F T N T E N R S A A C A
L L I G U R I A N S E A R O O T T S R T
C I N Q U E T E R R E P F A B S S I Z H
J X C I R C U S F E S T I V A L U D J I
W C M A T I S S E H A R B O R S X E A N
J A A N O V A S I S S A C Z S Z F C H G
```

BEACH
BOATS
BORDIGHERA
CANNES
CARNIVAL
CASINO
CASSIS
CINQUE TERRE
CIRCUS FESTIVAL
COASTAL
FILM FESTIVAL
FRENCH RIVIERA
GAMBLING

GRAND PRIX
GULF OF GENOA
HARBORS
HOT SUMMERS
IMPERIA
ITALIAN RIVIERA
LERICI
LIGURIAN SEA
MATISSE
MEDITERRANEAN
MENTON
MONACO
MONTE CARLO

NICE
PABLO PICASSO
PORTOFINO
RAILROAD
RENOIR
RESORTS
ROYALTY
SAINT TROPEZ
SAVONA
SEASIDE
ST TROPEZ
SUN BATHING
TAN

TEMPERATE
TOURISTS
VILLAGES
YACHTS

Solution on page 177

Winter Vacation

```
U W W V K R F E C M Y K E G G N Q N N V
J E A O D R P H S T N Q W Z C B A H I N
F I R Y O U R R V I T C B P J E F X A Z
L S M S N I A T N U O M Y K C O R E S H
U T T Z S E M D O K S E E O R P B L I O
B Y H T Y X Z T Q Y U F L T Z B I I K L
S F M W A S A G E V S A L U I E I B I I
E A E L O H N O S K C A J R S D A O K D
S N E N A R T D G D U G A R E F W M I A
I R Y E S U E L S D I C D G E T A W A Y
U N T P Q K C C E Z O C I X E M H O W S
R E I S G N I R P S M L A P L N A N H O
C H C A X I D R Z L D N A L Y E N S I D
N T K A S A S V E K S Q Y M P T U B J N
D A R L L F U I H S E O H A T E K A L A
Z B A E T P S B T R O P I C A L K C S L
H N P U N U E S A D I R O L F I A A T R
D U H A R A A R E S O R T S N G H B L O
T S R E C O N J I W Y O A A K R F I B R
H E B H C O N D O F T F U T X Y N N U S
```

ASPEN	FROSTY	NEW YEARS	TROPICAL
BEACH	GETAWAY	OCEAN	VAIL
CABIN	HANUKKAH	ORLANDO	WAIKIKI
CARIBBEAN	HAWAII	PALM SPRINGS	WARMTH
CHRISTMAS	HOLIDAY	PARK CITY	
COAST	ICE	RELAX	
CONDO	ISLAND	RESORTS	
CRUISES	JACKSON HOLE	ROCKY MOUN-	
DISNEYLAND	LAKE PLACID	TAINS	
FIREPLACE	LAKE TAHOE	SKI RESORT	
FLORIDA	LAS VEGAS	SNOWMOBILE	
FORT LAU-	LEISURE	SUNBATHE	
DERDALE	MEXICO	SUNNY	

Solution on page 177

At the Beach

```
F G N I M M I W S U R F I N G W E R E A
D H L E W O T Y W K A O B H Q S D D L V
N T I D E S S E R U T P L U C S A N D Y
A S E J D R A U G E F I L D V W Y F J A
R P S U G X C X W M S E A S H E L L S V
T R U N C C I S U M U M B R E L L A D T
S E L B B E P F N M P G H E P Y P W M D
B T S R R T B J L U W N C A L D X U T R
N A P P I N G R L V S I A D I F N N C A
E W E S A N D C A S T L E I E J E I N O
R F A I H B W A B B Y E B N D R N B R B
U O T V C F K G Y R G K M G R C I G U F
S H O R E L I N E W D R Q U I O N U B R
I S O E G S C I L Y I O C P F I S H N U
E I F T N C P X L H G N I H T A B N U S
L W E W U U K A O L W S E A W E E D S E
W T R Y O T D L V J I L O C O A S T A L
V P A J L O C E A N A B S P O R T S J F
M A B H Y H K R G N I C N A D G I S T P
C N W K R V K D I F Z F K O D Z P Z T O
```

BARBECUE
BAREFOOT
BEACH BALL
BOATING
COASTAL
CURRENT
DANCING
DRIFTWOOD
DUNE
FISH
LEISURE
LIFEGUARD
LOUNGE CHAIR

MUSIC
NAPPING
OCEAN
PEBBLES
PICNIC
PIER
READING
RELAXING
SAND CASTLE
SANDY
SCULPTURES
SEASHELLS
SEAWEED

SHORELINE
SNORKELING
SPORTS
STRAND
SUNBATHING
SUNBURN
SUNSCREEN
SURFBOARD
SURFING
SWIMMING
TIDES
TOWEL
UMBRELLA

VOLLEYBALL
WADE
WATER
WAVES

Solution on page 177

Family Vacation

```
B E A C H S I G H T S E E I N G S A E A
Q O C F Q A D I S N E Y L A N D Q P R H
M E A A M I N I V A N W C I N C I P A M
H T I T M S P A R T T S I R U O T L S Z
F J R S I P G B T W E T H S V P W K C S
I Z J A G N I M M I W S E Z O I R V R U
S W B S V N G N U F O R V O B A S T E U
H K A E J E O Y G A U N L L P I N N D R
I F R M T Z L S J T U S A T B E A I I N
N H E A U U F E C R N T N L M V C E T M
G I M G P R O I R O E E O N P Z K W C Y
D G A L E E P R I S M S I M R A S F A E
H H C E Q U M T C E C A T O O W R D R V
X W W V Y Y C E S I T H A S P B I K D Q
X A W A F A Q U H R N D E I T L I V S H
Y Y M R R V M V E T S E R C O O U L O R
B L O T I A Q T D I C T C H K E P T E M
O H T D R G N I G D O L E S H S E S K K
G A E R N E X N F S N O R K E L I N G R
F O L O F A S T F O O D J G D L C H E U
```

AMUSEMENT	FREEWAY	POOL	TRAVEL GAMES
PARKS	FUN	RECREATIONAL	TRAVELERS
ATTRACTIONS	HIGHWAY	VEHICLE	CHECKS
AUTOMOBILE	HOLIDAY	REST STOPS	TRIP
BEACH	HOTEL	ROAD SIGNS	VIDEO
BOATING	INN	SCENIC ROUTE	
CAMERA	LODGING	SIGHTSEEING	
CAMPING	MAP	SNACKS	
CREDIT CARDS	MINIVAN	SNORKELING	
DISNEYLAND	MOTEL	SONGS	
ENTERTAINMENT	NATIONAL PARKS	SWIMMING	
FAST FOOD	PICNIC	THEME PARKS	
FISHING	PICTURES	TOURIST TRAPS	

Solution on page 178

```
L B I Q U B Y O E W E A J I H W H E Y P
S P I M C E C F T A O B A M O B E F G V
H L A O L E Q E N T E R T A I N M E N T
O A W L A Z I R G E V A C A T I O N I S
R O A N S S C R O R K C E D B K N R N N
E G H S S R I Y Y P O K V C E P O A I K
E Y E S E S W I M M I N G P O O L S D S
X L G W S A Y C M B A H O Y M B J T P M
C S A K I K H O A Y C R S S S D E A B O
U W Y R G R D T N R T I E E R F U R N Y
R G O I H A C S I S I R N A S E O B T F
S Y V V T B V T S T V B W A R I O O C H
I U N I S M M A S I I E B U T A U A D O
O Z O E E E M T C K T N S E R I P R J J
N N B R E S D E V S I A E D A T T D C J
S M V A I I J R C E E P L R A N I B A C
S F B F N D U O V L S Z P I A F T Y X U
V Z U L G U U O P T V S N E A R O U T E
W K C U Y I K M A R I N E L R S Y R N F
D D B V H M D X A S L B P L B C E Z E F
```

ACCOMMO-
DATIONS
ACTIVITIES
AFT
BERTH
BOAT
BON VOYAGE
CABIN
CAPTAIN
CARIBBEAN
CLASSES
CREW
CRUISE SHIP

DECK
DINING
DISEMBARK
ENTERTAINMENT
FERRY
FOOD
FORE
GALLEY
HAWAII
ITINERARY
MARINE
OCEAN
ONBOARD

PLEASURE
PORTS
RIVIERA
ROOM SERVICE
ROUTE
SAIL
SEA
SHORE EXCUR-
SIONS
SIGHTSEEING
SKIPPER
SPA
STARBOARD

STATEROOM
STEWARD
SWIMMING POOL
TITANIC
VACATION
VESSEL
WATER

Solution on page 178

Resorts

```
H T H C S R K F D V N E P S A T T A Y H
K G N I G D O L L U X U R Y F N S G G I
X J Z E A G S S T R O P S A A H A Q X L
F S O S M Z Q S Y J L J R E H C Z W U T
D E E E A N P E K A P Z B I C S W Z N O
L G I A G M I C V N D B E P V S E O N N
N C L S W N A A S I I I S A O I I M O B
O Q P I M T I H T R S R L O H T E I I Y
O B V D L E S L A R N U D O A Y T R T T
I B C E P G C C E B E X L E H A B D A I
P H T K G N U Y M K Y T R C D K O E X V
L O H A A I B N I C R C N O N O Z M A I
H W U E E N A O O L E O M E F I M B L T
H L C H U I D I X R S M N A G H L U E C
K O K W X D I T B T O C H S R U D L R A
H Q O A L E V A O C R W C U G R H C A S
J C C B M N I C C D T X O G N I I K S I
J M A C K I N A C I S L A N D F L O G N
U I F E D F G V J L E G A S S A M E T O
G N R A B E H S F N E A T M S I R U O T
```

ACCOMMO-
DATION
ACTIVITY
ALL INCLUSIVE
ASPEN
BAHAMAS
BEACH
CARIBBEAN
CASINO
CLUB MED
DISNEY RESORTS
DRINKS
ENTERTAINMENT

FINE DINING
FOOD
GOLF
HILTON
HOLIDAYS
HOTEL
HYATT
LODGING
LUGGAGE
LUXURY
MACKINAC
ISLAND
MARRIOTT

MASSAGE
OCEAN
RECREATION
RELAXATION
RIVIERA
SCUBA DIVING
SEASIDE
SKIING
SNORKELING
SPORTS
TIMESHARE
TOURISM
VACATION

Solution on page 178

Disneyland

```
M D D N A L S I R E Y W A S M O T H U Y
E E N M A I N S T R E E T U S A A L O E
E L A E V A C S I A P F N M B U S N R S
T T L Y N S A T K U O Q A J N T G W N U
M S E T L T R A I Q N Z S T A A F O I O
I A R W S R T R R S Z N E R E R E T A H
C C U I P O O T O S G D C D O Z S N T S
K R T N A O O O O N M A I N C A U O N E
E I N N C R N U M A D R T A S N O O U I
Y T E I E B S R N E D I L M E S H T O N
T T V E M I P S L L E I A K N T Y S M N
R E D T O T I T I R F L R M O R A Y H I
A R A H U O N W L O L A Z I J E L E S M
P C B E N R S A R W P G O E A E P K A O
A O F P T D N N O E C P C H N H S C L N
E U S O A D I R M N U O S A A O Y I P O
T N A O I A L E Q H C P N N I U F M S R
D T T H N D H R A I L R O A D S O W O A
A R A E Y T H G I L Z Z U B N E O L J I
M Y J U N G L E C R U I S E I B G I Z L
```

ADVENTURELAND
ANAHEIM
ASTRO ORBITOR
BUZZ LIGHTYEAR
CALIFORNIA
CAR TOON SPIN
CASTLE
CRITTER
COUNTRY
FRONTIERLAND
GOOFYS PLAY-
HOUSE

HAUNTED
MANSION
INDIANA JONES
ITS A SMALL
WORLD
JUNGLE CRUISE
MAD TEA PARTY
MAIN STREET USA
MEET MICKEY
MICKEYS
TOONTOWN
MINNIES HOUSE
MONORAIL

MR TOADS
WILD RIDE
NEW ORLEANS
SQUARE
RAILROAD
SPACE MOUNTAIN
SPLASH
MOUNTAIN
STAR TOURS
STARCADE
TARZANS TREE-
HOUSE
THEME PARK

TIKI ROOM
TOM SAW-
YER ISLAND
WINNIE THE POOH

Solution on page 178

Leisure Words

```
L D E L Q T D L N J K T U F R O L I C Y
E M Z H O N E Y M O O N S E M A G M H F
D M F E I L E R K C C A L M N E S S R S
F C I N C I P S U U E A M U S E M E N T
N E N T P R F C C L X R E H T A E R B N
F T L I Y E E I N A C T I V I T Y L F E
P L A Y D A Y L T R P N D W I M A A V S
E W Z B S K L I D I C E T M Y D P N V H
D K I E F P O P F T E M E E F Y E G P J
U R N M E N K F S Y M N M T P T E U J K
T Z E N Y C O N T N I I Y A D I L O H D
E L S A O E O I O D T A W N K L S R O I
I U S M M I V I R E S T P E R I O D W V
U Z M I T I T E R Q A R F V A U I A O E
Q A T A T A N A X Y P E C U L Q H N H R
H B C S T I P G E P T T W J N N B C U S
M A E E L S V Q O R A N B E I A E I Q I
V F G C F A K B O F C E U R S R B N N O
T E E O S S C P H C F E F I L T H G I N
V R J V Y G S K A M E R R I M E N T J M
```

AMUSEMENT	GAME	PLAY DAY	TIME OFF
BREATHER	HAMMOCK	PLAYTIME	TRANQUILITY
CALMNESS	HOLIDAY	QUIETUDE	VACATION
DANCING	HONEYMOON	RECLINE	VEGETATION
DIVERSION	INACTIVITY	RECREATION	
DREAMING	JOCULARITY	REJUVENATE	
EASE	LANGUOR	RELAXATION	
ENTERTAINMENT	LARK	RELIEF	
ESCAPE	LAZINESS	REST PERIOD	
FESTIVITY	MERRIMENT	SLACK	
FREE TIME	NIGHT LIFE	SLEEP	
FROLIC	PASTIME	SPARE TIME	
FUN	PICNIC	SPORT	

Solution on page 178

```
G K B Z T O B B F U V T E S C G K Z Y P
C A S Y D R I N K S L X Z P B L R T V L
G U T R U N K S W V G X Z A Z A R T F B
E N M W O U I S D N E W O L L A H S L E
D H O B S U N B U R N U D N P A L E S O
P O S F R B I U Q S A B Z D N E P E E D
M O S L S E M F R I U O K A S A P Y O K
M I E P E W L R E H T N B Y C X U J I S
Y B H D L W I L V E T A S G O Y W D D F
L G T H G A M M A Y C J N C N V D W V S
G L A Y G T S C S U G I W G R I K A R A
N E B W O E O H E U M H Z Y E E V D E X
J K N C G R A I F M I O A P Y H E I D U
H R U I T T T R I E W T O H M V C N D G
P O S Z R A A W L T N O I T O L V G A N
K N I Z Z O S B E L L Y F L O P A P L D
X S L U T L L D A T W X P B U T T O H F
Y C O C D F I H W C E R W K L E W O T O
O K W A H L A Y C A N N O N B A L L A S
K M R J S F V R P I R L B D A C U D N D
```

BELLY FLOP	LADDER	SWIMMING CAP
BIKINI	LAPS	SWIMSUIT
CABANA	LIFESAVER	TAN
CANNONBALL	LOTION	TOWEL
CHLORINE	PARTY	TRUNKS
DEEP END	RAFT	UMBRELLA
DIVING BOARD	SHALLOW END	WADING POOL
DRINKS	SLIDE	WATER
FLOAT	SNORKEL	WET
GOGGLES	SPLASH	
HOT TUB	SUNBATHE	
JACUZZI	SUNBURN	
KIDDIE POOL	SUNSCREEN	

Solution on page 178

Answers

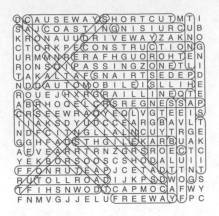

On the Road Again

At the Diner

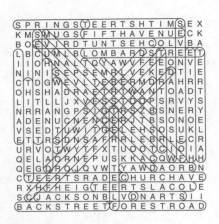

Street Names

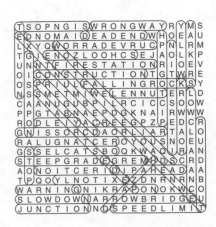

Street Signs

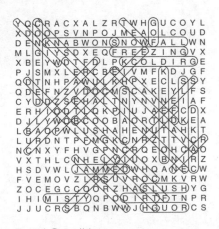

Road Conditions

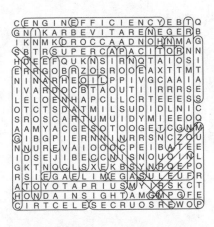

Driving a Hybrid Car

Family Reunions

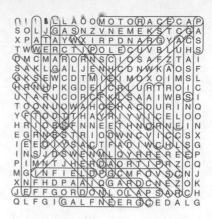

Off to the Races

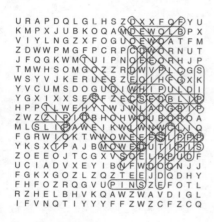

Rhymes with Road or Trip

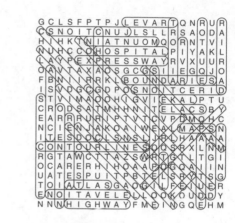

Road Map

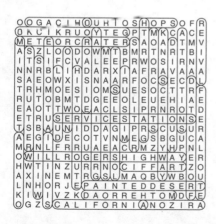

Route 66

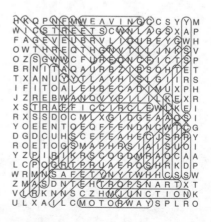

Traffic

Weekend Getaway

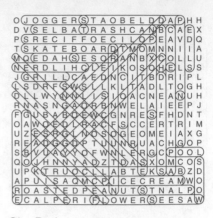

City Park

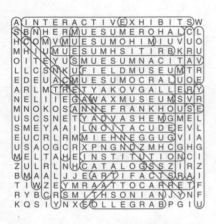

Museums Around the World

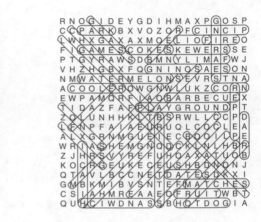

Picnic at the Park

Theme Parks

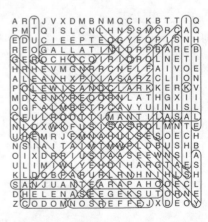

U.S. National Forests

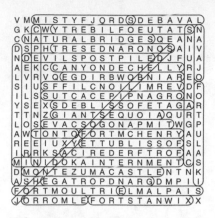

U.S. National Monuments

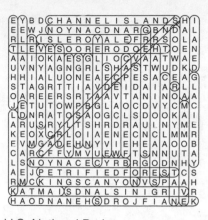

U.S. National Parks

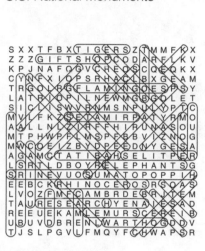

Wild Animal Parks

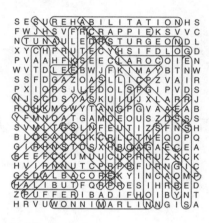

Public Aquariums

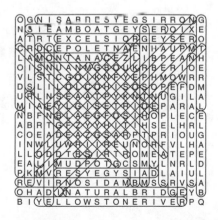

Yellowstone

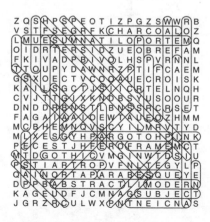

Art Museums

The United States

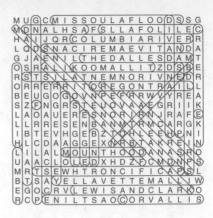

Oregon

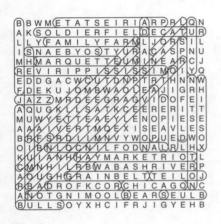

Illinois

California

Idaho

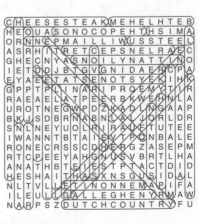

Pennsylvania

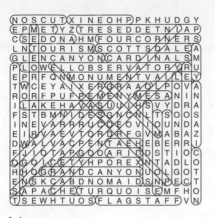

Arizona

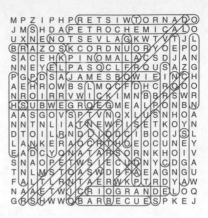

Texas

Colorado

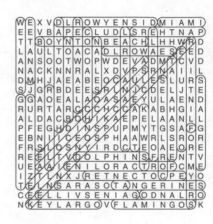

Florida

Arkansas

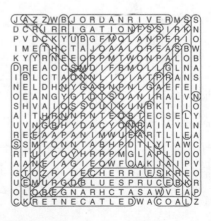

Utah

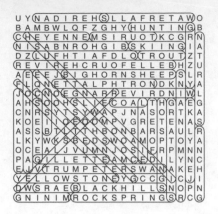

Wyoming

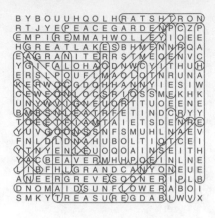

State Nicknames

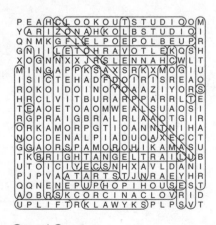

All-American Landmarks

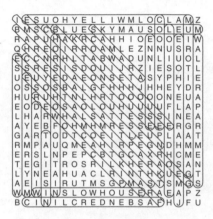

Frank Lloyd Wright Works

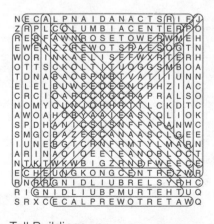

Grand Canyon

Tall Buildings

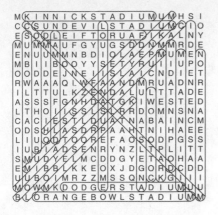

Stadiums

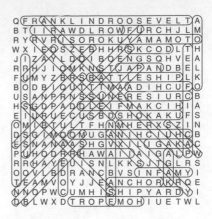

Pearl Harbor

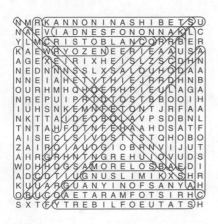

Statues

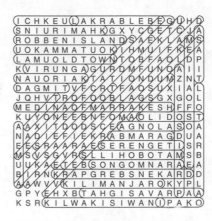

World Heritage Sites in Africa

World Heritage Sites in Asia

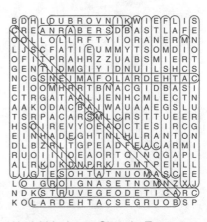

World Heritage Sites in Europe

World Heritage Sites
in the Americas

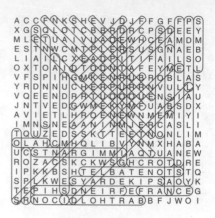

Statue of Liberty

Asian Countries

European Countries

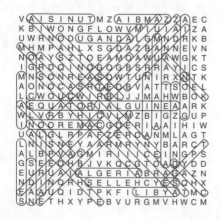

African Countries

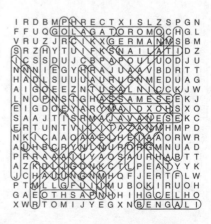

Languages in Foreign Countries

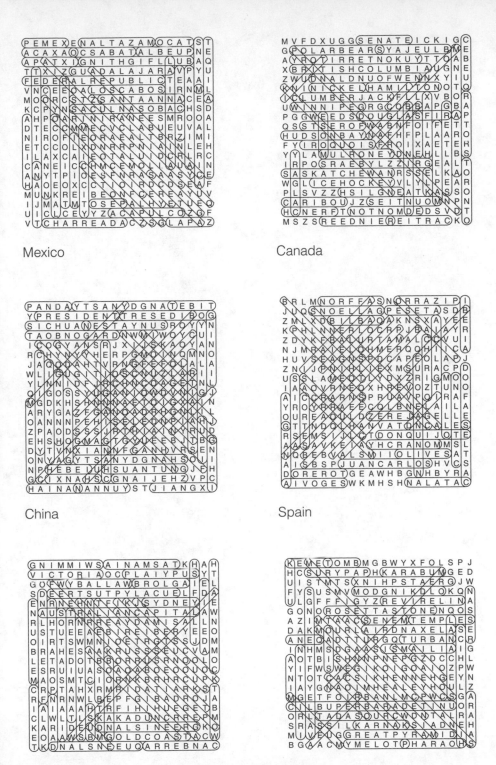

Mexico

Canada

China

Spain

Australia

Egypt

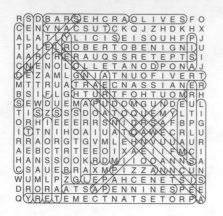

Italy

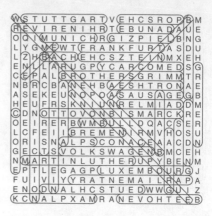

Germany

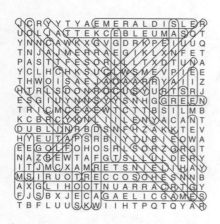

Ireland

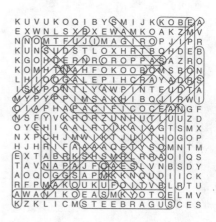

Japan

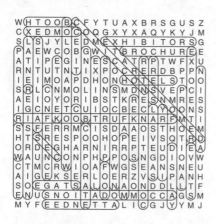

Trade Shows

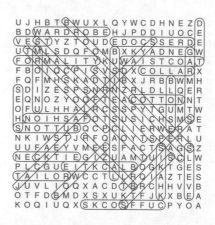

Business Attire

Expense Account

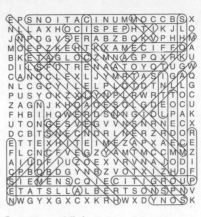

Corporate Visit

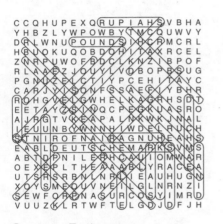

Currency Exchange

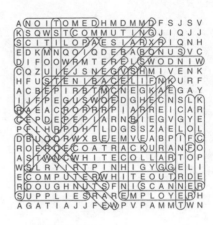

Drop by the Office

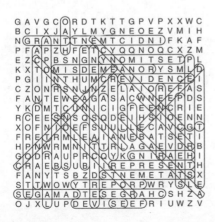

Going to Court

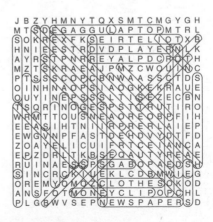

Packing List

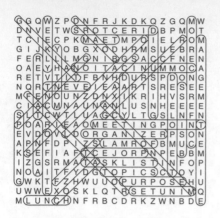

Business Meeting

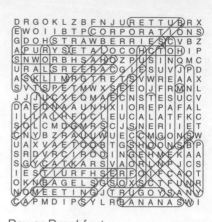

Power Breakfast

Business Terms

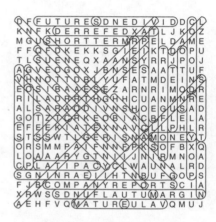

Visiting Wall Street

Mountains

Oceans

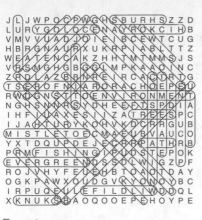

Forests

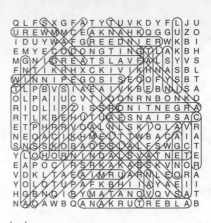

Lakes

Glaciers

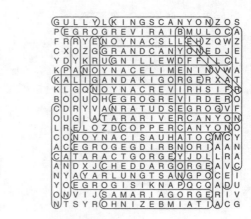

Canyons

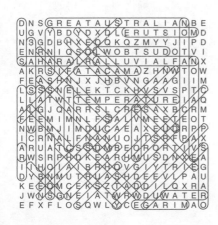

Deserts

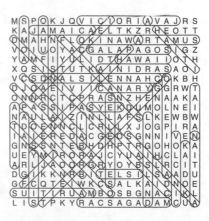

Islands

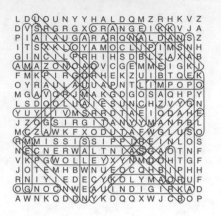

Rivers

Volcanoes

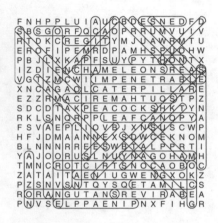

Jungle Safari

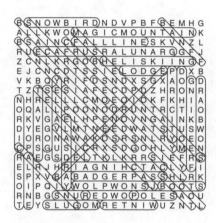

Ski Trip

Underwater Expedition

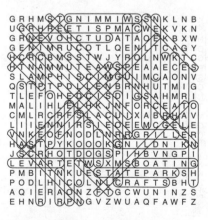

Camping Trip

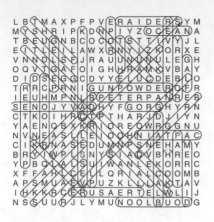

Pirate Adventure

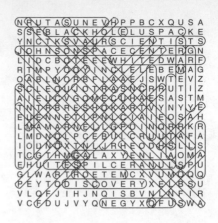

Space Travel

Cave Exploring

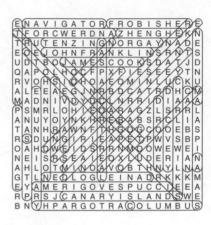

Explorers

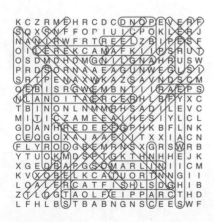

Fishing Trip

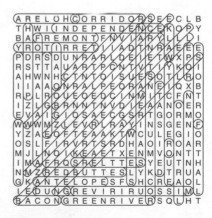

Pioneer Journey

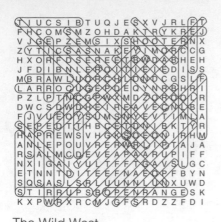

The Wild West

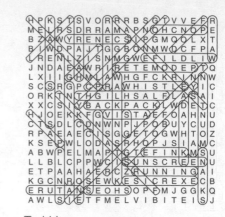

Trekking

By All Means

Boats

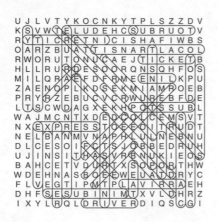

Bus Ride

Airport Codes

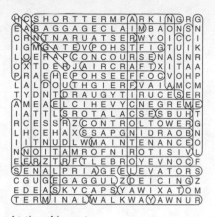

At the Airport

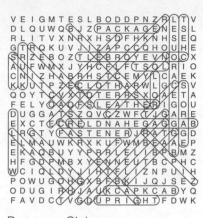

Baggage Claim

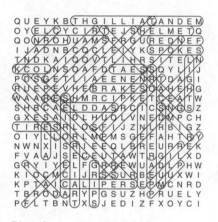

Bicycles

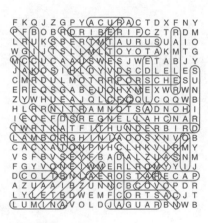

Makes and Models

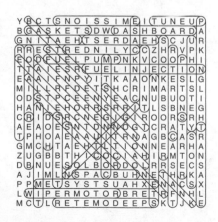

Auto Parts

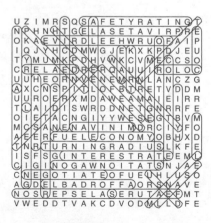

Auto Purchase

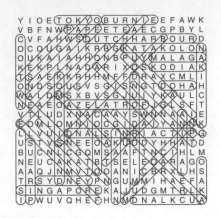

Ports of Call

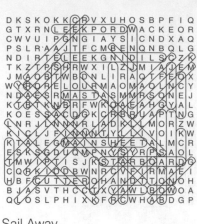

Sail Away

Trains

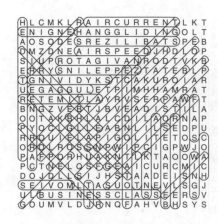

Up in the Air

Places Around the World

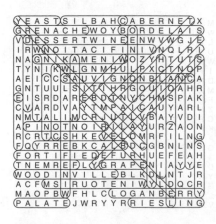

Wine Country

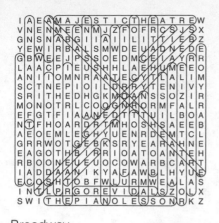

Broadway

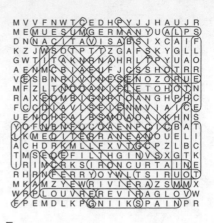

Europe

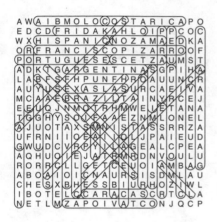

Latin America

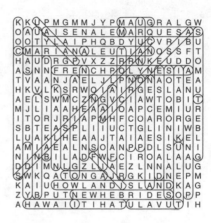

South Pacific

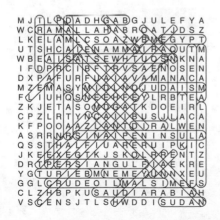

The Middle East

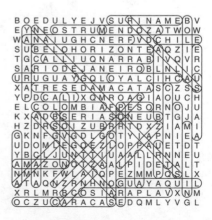

South America

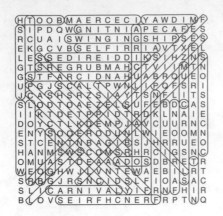

County Fair

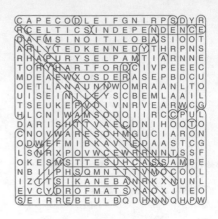

New England

Off to College

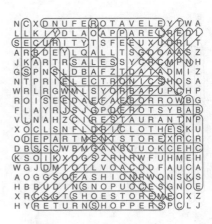

Shopping Trip

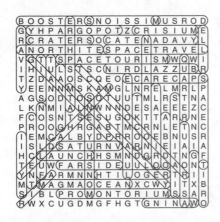

To the Moon

To the Stars

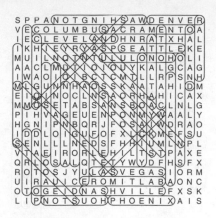

Big U.S. Cities

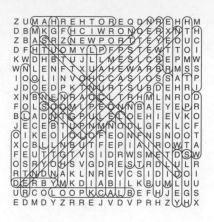

UK Cities

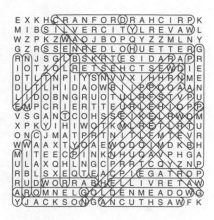

Small Towns

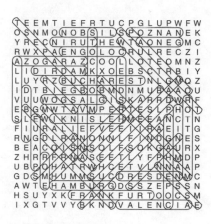

European Cities

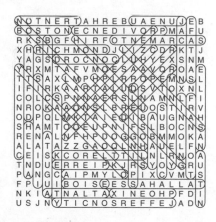

U.S. Capitals

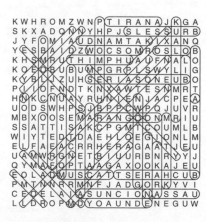

World Capitals

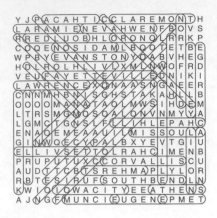

College Towns

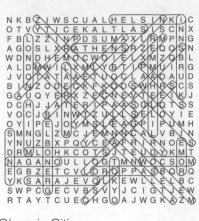

Olympic Cities

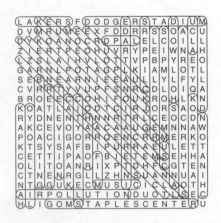

Los Angeles

Indianapolis

Las Vegas

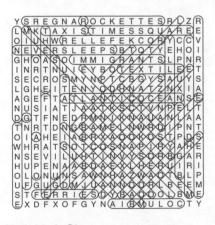

New York City

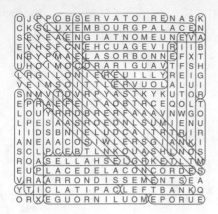

Paris

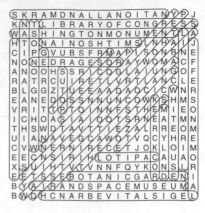

Washington, D.C.

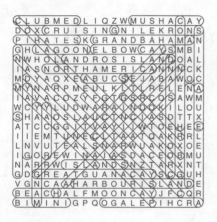

In the Bahamas

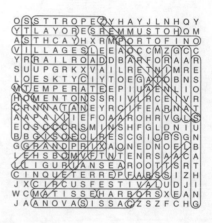

On the Riviera

Winter Vacation

At the Beach

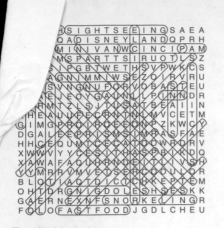

Family Vacation

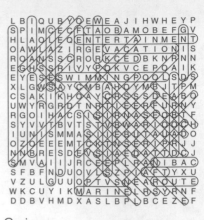

Cruises

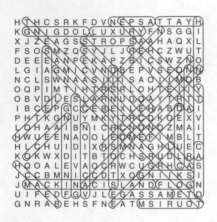

Resorts

Disneyland

Leisure Words

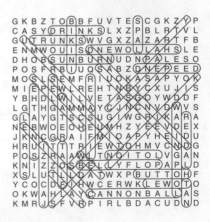

Hotel Pool